낯선 날들의 유혹

박종숙 기행수필집

| 책머리에 |

생명이 멈추는 날까지

날마다 평범한 날들에 예속되는 게 싫었다.

현실에서 더 멀리 낯선 땅을 밟아보려고 가출했다가 돌아오면 또다시 짐 싸기를 밥 먹듯 하였다. 간간이 지난 추억 한 자락을 붙들 요량에 기록을 남기기도 하면서…. 그 낯선 날들은 지금 빛바랜 영상이 되었지만 아직도 20여년 전의 신선했던 충격은 그대로 남아있다.

나에게 여행은 고달픈 날의 쉼이었고 아름다운 도전이며 미지의 날개였다.

생명이 멈추는 날까지 역마 기질을 버리지는 못한 나는 떠나는 설렘으로 존재감을 확인하였고 자기애를 발견하였다.

그동안 내 영혼을 살찌운 경험을 책으로 묶으려 하니 두세 권 분량을 줄이기가 쉽지 않았다. 지금은 누구나 갈 수 있는 곳이 되어서 희귀성이 떨어졌지만, 나만의 추억을 남겨도 좋으리라 생각했다.

늦었지만 고삐를 풀어준 남편에게 고마움을 전하면서 교정을 도와준 지창식 님과 출판에 힘써 주신 이민호 님, 강병욱 대표님께 감사드린다

2022년 10월 늦가을 봄내에서

호수지기 박종숙

박종숙 기행수필집

3. 터키

4. 캐나다

5. 네팔 · 인도

6. 칸쿤 · 쿠바 · 멕시코

7. 아르헨티나 · 브라질

8. 칠레 · 페루

1

이집트

위대한 돌의 나라 이집트

이집트 · 터키 · 그리스(2004년 4월, 11박 12일)

이집트의 수도 카이로는 아프리카에서도 가장 큰 거대 도시이다. 95%가 사막으로 되어 있는데 고대와 현대가 융합되어 한자리에서만 6000년의 문화와 역사의 꽃을 피운 땅이었다. 그 웅장하고 고졸한 나라가 하늘에서 내려다보니 자정을 넘긴 시간인데도 대낮 같은 불빛에 눈이 부실 정도였다.

조금 후 야경이 아름다운 도시 속으로 유입된 우리들은 마치 신대륙을 발견했던 사람처럼 곧 신기한 눈빛과 마음을 거두었다. 그리고 활주로를 벗어나자 드디어 안도의 숨을 쉬었다. 우리는 종일 꼼짝 않고 비행기 안에서 5끼 식사를 한 셈이다. 인천에서 이스탄불까지 11시간 30분, 이스탄불에서 카이로까지 2시간 반, 도중 공항에서 머문 시간까지 합해 16시간을 하늘에 유폐되었다가 지상으로 풀려났는데 그곳의 시차 6시간을 더하면 태어나서 가장 긴 하루를 보낸 셈이다.

카이로 상가

예지회 회원들은 문학과 예술에 관심을 가진 분들로 매주 한 번씩 독서토론을 하고 역사 공부를 하면서 지적 갈증을 풀어내던 문우들이다. 오래전부터 지중해 여행을 꿈꿔왔던 그들과 강원수필문학회원 몇몇이 함께 여행을 하게 된 것은 무엇보다도 기쁜 일이었다. 17명의 문인들은 한집안 식구처럼 끈끈한 정을 나누며 기내에서 책도 보고 이야기도 나누면서 지루하지 않게 시간을 보냈다.

이집트는 석유 생산국이라서 전기가 남아돈다고 한다. 공항에서 호텔까지 가는 사이 새벽 거리에는 불필요한 조명등이 수없이 켜져 있었다. 우리나라의 두 배나 되는 가로등이 공중 높이 매달려 있어서 착시현상을 일으키는 듯했다. 어쩌면 가난한 나라지만 관광 수입의 의존도가 높다 보니 여행객들을 위한 배려거니 믿었는데 그것은 나일강 아스완하이댐에서 나오는 넘치는 전력의 힘이었다. 그날은 새벽 1시가 넘어 후사하램호텔에 도착한 후 대강 짐 정리를 하고 2시가 넘어 취침에 들었다.

새벽잠을 깨운 라마단의 기도 소리

새벽하늘을 수놓던 무슬림의 야릇한 기도 음은 우리들의 곤한 잠을 깨웠다. 확성기에서 흘러나오는 알아들을 수 없는 말소리가 비상경계령같이 20분이나 계속되었다. 모두 두려움에 떨면서도 각 방을 뛰쳐나오는 사람은 아무도 없었다. 그 기도는 이집트를 떠나올 때까지 신의 노래처럼 간간이 흘러나왔다. 우리가 카이로에 도착한 날부터 사흘간은 부활절(라마단 기간)이어서 금식 기간이라고 했다.

그들의 첫 기도는 새벽 4시부터 시작하여 사성까지 하루에 5번이나 지속되었다. 누구든지 원하는 사람은 모스크 세난에 올라가 큰소리로 집도할 수 있는데 처음에는 꽤 요란스럽다고 느껴졌던 기도 음이 갈수록 자연스럽게 들려왔다. 이집트는 알라신(태양신)을 믿고 있는 이슬람 국가로서 회교도가 93%를 차지하고 있다. 수입의 2.5%를 헌납하는 무슬림들은 1부 다처제를 아직도

아스완에 위치한 사원

지키고 있고 6세에서 9세 사이에는 여성 할례(소음순을 잘라내는 일)를 하는 관습을 갖고 있다니 끔찍한 일이다.

사원 지붕은 돔형으로 되어 있어서 다른 건물들과 금방 구분이 간다. 내부에는 성화나 집기가 전혀 보이지 않고 기하학적 무늬의 화려한 창이 나 있는데 사람들은 모두 평등하다고 믿기 때문에 의자도 설치해 놓지 않는다. 그러나 남자 다음으로 어린이, 여자 순으로 기도순서를 정한 것으로 보아 여성 대우는 보잘것없다는 걸 느낄 수 있었다. 외관으로 보이는 사원 지붕은 뾰족한 첨탑이 하늘 높이 솟아 있고 금으로 된 미나렛(장식)이 피뢰침처럼 서 있다. 하나에서 많으면 다섯, 여섯까지 첨탑이 올라가 있는 것도 보이는데 그 수효가 많을수록 사원의 권위와 위상이 높다고 한다.

이집트인들은 신에 의해 구원받고 신의 주도권 아래 모든 뜻을 펼칠 수 있다고 믿었다. 그래서 수많은 신전과 수많은 신화를 만들었던 나라다. 그 종교적인 성향의 원초적 뿌리를 가장 깊이 묻었던 곳, 가장 먼저 신의 역사를 가졌고 가장 먼저 신의 능력을 인정하였던 사람들. 그리하여 인류 문화를 화려하게 꽃피울 수 있었던 우수 민족이 어떻게 가난한 나라로 전락하게 되었는지 그 저력이 의심스럽기만 했다.

이집트문명을 일군 나일강의 기적

시내 중심을 뚫고 흐르는 나일강은 한국에서 보는 강과 조금도 다르지 않다. 그 강이 인류 문명을 꽃피운 원천이었다니 믿기지 않는다. 이집트는 원래 사막으로 된 붉은 땅을 상 이집트, 습지로 된 검은 땅을 하 이집트라 했던 것을 BC 2925년 메네스가 통일하면서 하나가 되었다. 강물은 하류로 갈수록 폭이 좁아지고 숲이 우거지는데 리비아, 수단, 에티오피아를 거쳐 이집트로 흘러온 물이 우기철만 되면 정기적인 범람을 일으켜서 14개의 신전을 모두 물에 갇히게 했다. 그로 인해 골치를 앓다가 1971년 아스완하이댐을 막으면서 세계 최대의 인공호수인 나세르호를 탄생시켰고 풍부한 어장까지 만들게 되었다.

아스완 댐

파피루스로 만든 그림

문명의 꽃은 언제나 큰 강을 중심으로 이루어진다. 그리스의 역사가 헤로도토스는 이집트를 '나일강이 가져다준 선물'이라고 했다. 강물이 범람하게 되면 습지를 만들면서 비옥한 땅을 만들어 주었으므로 농공업의 발달은 물론 몰려든 사람들이 물류 교역을 이루면서 경제가 활성화된 데다 문자 전달로 문명의 꽃을 피우게 된 것이다. 나일강 변에서 자라던 수생생물 파피루스는 면도날로 얇게 저며 대발 엮듯이 말린 후 종이로 만든 다음 그 위에다 문자를 기록할 수 있었다. 그래서 지금도 상점에서는 이집트 신화를 그린 파피루스 그림들을 많이 팔고 있었다.

사막의 오아시스라면 나는 아무것도 없는 황막한 모래벌판에 웅덩이처럼 고여 있는 물을 연상했었다. 그러나 농사를 지을 수 있는 물을 댈만한 곳은 다 오아시스라고 한다. 이집트는 가장 먼저 목화 재배부터 시작해서인지 가는 곳마다 레이스 뜨개나 면사로 뜬 옷이 많이 걸려 있고 뜨거운 태양 볕 때문인지 남자나 여자 모두 머리에다 히잡(면 목도리)을 두르고 다녔다. 아래통이 넓은 긴 원피스 '젤라바'는 남자들이 많이 입고 있었는데 그 전통 옷이 전혀 이상해 보이지 않았다.

세계 7대 불가사의 기자 피라미드

기자 지구로 가기 위해 도심을 지나니 거리엔 대추 야자나무 일색이다. 아열대 지방에서 많이 자라는 그 나무는 30여 종이나 되는데 이름도 다양하여 팜츄리, 또는 종려나무라고 한다. 수명이 80년 정도인 그 나무는 10월경이면 열매를 맺기 때문에 수확기에는 나무에 올라가는 사람들을 흔히 볼 수 있다. 또 무화과가 많이 난다고 하여 휴게소에 들러 사 먹었더니 우리나라의 것보다 훨씬 당도가 높고 알맹이가 컸다.

카이로시에서 서쪽으로 13km 떨어져 있는 번두리 지역은 사막과 경계를 짓고 있는 기자 지구이다. 풀 한 포기 없고 번지만 풀썩거리는 모래사막 2,000㎡ 고원에 위치한 공동묘지에는 웅대하고 거대한 신전 세 개가 덩그렇게 놓여 있다. 아들 손자까지 나란히 3대가 서 있는 기제 피라미드는 우뚝 선 사각뿔 모양이 하늘을 찌를 듯하다. 늘 사진에서만 보아오던 고대 유적을 직접

피라미드

눈으로 확인하니 그것이 왜 그리 세계적으로 유명세를 떨쳤는지 알 수 있을 것 같았다.

에티오피아, 수단. 멕시코, 남아메리카, 인도, 이탈리아, 그리스 같은 나라에서도 피라미드를 건축했지만, 이집트 기자 지구의 대피라미드와 아메리카의 태양 신전 규모는 거의 비슷하다. 이집트에서는 BC 2686년 3왕조부터 6왕조 프톨레마이오스까지 2700년 동안이나 고왕조 피라미드 시대를 열어 왔다. 80여 개의 피라미드 중 현재까지 발굴된 것만도 60여 기나 되는데 피라미드는 정 4각 평면구조의 왕족 무덤인 마스타바가 그 원형이었지만 6단의 4각 돌을 점차 쌓아 계단식으로 만들면서 4각 뿔로 변형된 것이다.

어느 날 신문을 보니 '돌도 예술이다'라고 선언한 사람이 있었다. 로스앤젤레스 라크마 미술관에 옮겨진 그 돌은 2012년 마이클 하이저라는 사진작가가 '공중에 뜬 덩어리'라는 이름으로 발표를 했는데 6.5m 높이에 340t짜리 돌을 옮기느라고 130억 원이나 들여 특수차량을 만든 후 열흘간 22개의 도시를 거치면서 조심스레 가져왔다. 이는 인간의 힘으로는 도저히 할 수 없는 일이라서 사람들이 그 돌을 보기 위해 모여들자 작가는 돌 자체가 무에서 유를 창조한 자연 속의 문화라고 풀이했다. 그렇다면 기자 지구에 있는 세 개의 거대한 돌집은 예술작품으로 말하자면 지구가 뒤집힐 만한 신의 걸작이었던 셈이다.

세 개의 피라미드를 보는 순간 나는 그들이 돌산을 만들었다고 생각했다. 빼빼 둘러보아도 전혀 산 그림자라곤 보이지 않는 땅이다. 강원도 산골에 살던 내가 보기엔 그 피라미드가 꼭 거대한 짐승 같아 보였다. 살갗을 태울듯한 삭막하고 황폐한 태양열은 생명을 좀체 키워낼 수 없는 데다 파라오의 시체를 보관할 방법을 모색하다 보니 결국 돌산을 만들기로 작정했을 것이라고 굳게 믿었다. 죽은 뒤 1만 2천 년 뒤에 부활해서 파라오가 살 왕국을 지어야 하니 누구의 침입도 불사할 거칭한 신전을 만들어야 하지 않았을까. 까마득하게 올려다보이는 그 삼각주 밑에 서면 내가 한 마리 개미가 된 느낌이다. 생각해보라. 가로, 세로 높이가 70cm 이상 된 돌들을 200단 넘게 쌓았으니 그 규모가 어마어마하지 않는가. 라크마 미술관의 돌 하나를 옮기는데 들인 시간과 노력에 비하면 이집트 신전의 돌들이야말로 3000년 전의 것이라는 게 불가사의하지 않을 수 없다.

겉이 석회석이고 안쪽은 화강암 2중 구조로 되어 있는 137m 쿠푸왕 피라미드 입구로 내려가면 네모난 석굴 5m의 공간 안에 파라오의 미라가 놓일 석관 자리가 있다. 내부 공간에는 왕과 왕비의 방, 하강 상승 통로, 대 회랑이 만들어져 있고 피라미드를 받치고 있는 기둥도 단단히 세워져 있다. 우리는 시간이 없어서 캄캄한 통로의 입구만 들여다보았을 뿐 내부로 들어가지는 못했다. 그 주위엔 관광객을 실어 나르는 낙타들만 큰 눈을 껌뻑이며 손님을 기다리고 있었다.

쿠푸왕 피라미드

오나가나 못된 짓을 하는 인간의 심보는 어쩔 수가 없다. 라제스톤을 썼다는 쿠푸왕 피라미드의 외장석을 사원 짓는다는 목적으로 모두 뜯어가도록 허용한 정부나 문화재를 훼손한 사람 모두 무모하기 짝이 없는 일이다. 뾸 끝에 조금 남아 있는 외장석을 보니 원래의 모습이 얼마나 아름다웠는지 상상되고도 남았다. 손자 멘카우레왕의 피라미드 옆에는 세 왕비의 피라미드들이 쪼르르 놓여 있는데 크기가 작은데다 두 개는 많이 파손되어 있었다.

이집트인들은 이미 그때 좌우대칭 사고가 발달되어 있었나 보다. 250만 개의 돌을 쌓으려면 나같이 숫자에 둔감한 사람은 10만 명이 며칠 동안 얼마를 쌓아야 피라미드가 완성될지 감이 잡히지를 않는다. 글쎄 축지법을 썼다면 모를까?

도깨비방망이로 "수리수리 마하수리 가벼워져라!" 하고 주문을 외워 230m 높이로 끌어올렸다면 이해가 된다. 그들은 집권하자마자 오직 피라미드 짓는 일에 평생을 바쳤을 것이고 그 작업장에 끌려 나갔을 노예들은 죽기보다도 힘든 작업을 하였을 것이다. 그 때는 파라오가 신이었으니 신의 궁전을 지은 것이다. 고왕국 시대의 돌의 문화! 기자 지구의 돌이야말로 자연석으로 아름다운 문화의 꽃을 피웠던 예술품이다. 경이로운 감상에 젖었던 나는 기념사진을 찍고 모랫바닥에다 물건을 놓고 파는 '투탕카멘'과 아크나톤의 아내 '네페르티티'의 나무 조각상을 구입하고는 발길을 돌렸다.

네페르티티'의 나무 조각상

사후에 환생할 미라들

이집트인들에게 중요한 건 현재가 아니라 미래다. 그들이 남긴 흔적을 보면 죽음이란 사후의 세상으로 들어가는 관문이 아니라 낙원이었다. 그 사막지대에 살면서도 지치지 않고 신전을 지을 수 있었던 것은 내세를 믿었던 긍정의 힘이라고 생각한다. 그들은 파라오의 신전을 지킬 문지기 스핑크스를 천상과 지상 모두 아우를 수 있는 신비한 능력자로 만들 셈이었다.

우리나라에서도 일주문을 지나 법당으로 들어가려면 눈을 부릅뜬 사천왕이 있는 것처럼 피라미드를 지키는 수호신 스핑크스는 카프레왕 피라미드 앞에서 약 350m 떨어진 곳에 있는데 얼굴은 사람이지만 앞발에서 엉덩이까지는 사자의 몸이다. 머리에 '네메스'라는 수건을 두른 남자가 코브라 왕관을 쓴 얼굴이어서 카프레왕을 닮았다고도 하는데 스핑크스의 등에는 날개가 달려 있으니 지상과 천상, 인간계를 두루 다스릴 통치력을 가진 자였을 것이다.

스핑크스

그 스핑크스는 신왕국 18왕조 때 투투모스 4세가 꿈을 꾸고 발견했는데 태양신 하르마커스가 나타나 자신의 몸에 모래를 제거해주면 왕이 되게 해 주겠다고 하여 이상하게 생각한 나머지 누워 있던 자리를 파 보니 지금의 스핑크스가 있었다고 한다. 그래서인지 왼발 옆에는 '꿈의 비석'이라고 쓴 석판이 어제인 양 세워져 있었다. 당시에는 얼굴이 빨간색으로 칠해져 있었으나 흔적만 남아 있고 그곳까지 차 있던 물에 침식되어 어깨가 부서져 있었다.

미라를 만드는 전문기관 장제전

사람이 죽으면 매장, 화장, 풍장, 조장, 수장 등 나라마다 장례문화가 다르다. 우리나라에서는 매장 문화가 요즘 서서히 화장으로 바뀌고 있는데 인도에서는 화장, 티베트에서는 독수리에게 시체를 내어 주는 조장 문화가 유명하다. 이집트에서는 사람이 죽은 뒤 1만 2천 년 뒤에는 반드시 환생한다고 믿어서인지 미라를 만드는 전문기관이 있었다.

장제전에서는 왕은 70일, 왕족은 40일, 평민은 하루 만에 미라를 만드는데 신분이 높을수록 정성을 들였던 듯하다. 부패가 빠른 내장은 따로 '사르코파구스'라는 항아리에 넣어 보관하고 몸통은 천연나트륨(사막의 소금호수)에 40일 동안 절여 소금을 걷어낸 다음 송진과 천을 이용하여 20겹을 감은 다음 기원(소망)문을 넣고 또다시 20번을 감아 원래의 크기로 만들었으니 잘 절인 인간 고기이다.

장제전

그들은 사람의 입은 말하고 먹어야 하니까 영혼이 부활하는 데 가장 중요한 역할을 한다고 개구식을 가졌다. 심장 위에다 스카라베(자웅동체의 벌레)를 얹은 것은 부활한 후 자유스럽게 날아다니기를 바랐던 때문이다. 정오와 자정이 지나면 오시리스(염라대왕) 앞에 나가 죄를 심판받는데 심장의 무게가 깃털보다 가벼우면 죄가 없다는 판정을 받고 행운의 열쇠를 쥐고 지하의 강을 건너게 된다. 그때 4번째와 6번째 시간에 마귀의 유혹을 물리칠 대답을 「사자의 서」라는 서류(파피루스 그림)에 적었다. 그걸 보면 영생을 위해 이집트인들이 죽음이라는 과제를 놓고 얼마나 고심했는가를 알 수 있다.

하긴 우리나라에서도 사십구재를 지내는 건 구천에서 떠도는 영혼이 천상으로 올라가지 못한다고 여겨 천도재를 지낸다. 죽을 때 머리 위에 모래를 깔아 놓으면 죽은 시신의 영혼이 발자국을 남기는 것을 보고 환생 표적을 알 수 있다고도 했다. 그러나 과학이 발달하면서 구구하게 떠돌던 사후의 이야기는 점차 자취를 감추어 간다.

나는 얼마나 겁이 많은지 학창 시절에는 친구들이 수군거리는 귀신 이야기를 듣고 화장실에도 못 가고 밤이면 방문 밖을 나서지 못하였다. '변소에 가면 빨간 보자기 파란 보자기가 나온다' '여우고개를 넘으면 도깨비불이 반짝거린다' '귀신이 머리를 풀어헤치고 나타난다'는 소문에 밤이면 새우잠을 자고 결혼을 해서도 남편이 숙직하는 날이면 동생을 불러오곤 했다. 지금도 빈방에 혼자 있으면 무서운 생각이 들어서 야광등이라도 켜 놓아야 안정이 되곤 하니 어리석은 중생의 탈을 벗으려면 아직도 한참 먼 듯하다.

카이로 타르 광장에 있는 고고 박물관 3층에는 주로 파라오들의 미라만 방방 마다 한곳에 모아놓고 전시하고 있는데 나는 그것들을 찬찬히 둘러보지 못했다. 그 미라들이 금방이라도 내 발목을 잡고 늘어질 것 같아 도망쳐 나오듯 하였다. 사실 인간은 모두 그와 같은 뼈대 위에 허울을 쓰고 산다는 걸 인식하면 무서울 것도 없으련만 보이는 것에만 집착하는 내 아둔함이 문제이다. 3500년 전 국화꽃다발의 부조도 있었건만 그것이 겁쟁이 눈에 제대로 들어올 리 만무하였다.

초막에서 발라디를 먹으며

점심은 부겐베리아가 벽면을 온통 붉게 물들인 담장을 바라보며 파피루스로 지붕을 얹은 야외 초막에서 먹었다. 발라디는 이스트를 전혀 넣지 않고 밀가루와 보리를 섞어 만든 빵인데 입구에서 큰 화덕을 놓고 여인들이 연실 빵을 구워 내고 있었다. 그 빵은 반을 자르면 홈이 있어 야채와 고기 등을 넣어 먹을 수 있게 되어 있다. 햇볕이 아무리 뜨거워도 그늘에 들면 시원하여 초막은 살만했다.

이집트인들은 아무리 가난해도 굶는 사람이 없단다. 빵이 주식인 그들이 끼니를 때우는 일에 부담을 주어서는 안 된다는 신념으로 정부에서는 15년간이나 빵값을 올리지 않고 있기 때문이다. 점심 메뉴는 생채소와 채소 볶음 닭고기와 칠면조 튀김을 펼쳐놓은 푸짐한 뷔페식이었다. 처음 먹는 현지식이었는데도 전혀 거부감이 들지 않았다. 식사하고 빠짐없이 들르는 화장실 사용은 언제나 사례를 해야만 된다. 우리는 1불에 서너 명씩 떼를 지어 다녔는데 그곳 화장실에서도 돈을 받는 여자아이가 있었다. 10살이나 됐을까. 그녀는 거울 앞에 서 있는 나를 보고 무어라고 지껄였다. 표정을 보니 립스틱을 달라는 모양이었다. 마침 쓰던 것이 여유가 있어 하나 주었더니 큰 것을 달라고 조른다. 그것은 내가 써야 한다고 했더니 섭섭한 표정을 지었다.

변두리 주택가는 벽돌집이 많고 먼지 묻은 듯 누런 회색빛 사암의 주택들이 대부분이어서 전체적인 분위기가 칙칙해 보인다. 특이한 것은 철근이 건물 밖으로 삐죽삐죽 나와 있는데 모두 건물을 짓다 만 것처럼 보인다. 얼른 보면 진행 중인 집 같기도 하고 또는 폭격을 맞은 채 허물어진 집과 같아 보여 왜 그런가 하고 물었더니 그들은 단번에 집을 짓는 것이 아니라 방 한 칸 짓고 돈이 모이면 또 한 칸 짓고 하여 미래를 생각해서 빼놓은 철근이란다.

1500년이나 신전을 짓고도 미완성으로 남겨 놓은 건축물이 있는 나라인 걸 보면 그 나라의 국민성을 짐작하게 한다. 현재가 중요한 게 아니라 미래가 중요하다고 생각하는 사람들, 칙칙하고 어수선하고 부서진 집들을 아무렇지도 않게 생각하며 사는 사람들의 사고가 내 식견으로는 잘 이해되지 않았다. 그들은 남이 잘살든 못살든 관계치 않는다. 그것이 알라의 뜻이라면 기꺼이 받아들이려고 한다. 그래서 신의 뜻이라면 무엇이든지 수용하겠다는 '인샬라'를 좋아한다고 했다.

빛과 소리의 축제와 밸리 춤

우리는 첫날 저녁 나일강에 띄워진 배 안에서 식사를 하며 매혹적인 여인의 밸리 춤과 남성의 수피 춤에 반했었다. 대체로 그들의 정서엔 한이 없는 듯했다. 우리나라 춤을 보면 속도가 느리면서 주로 어깨춤을 추는데 이집트에서는 내세에 대한 확신이나 죽음을 신성시 여겼던 사람들이어서인지 경쾌하고 빠른 속도로 춤을 추었다.

배꼽춤은 다산 의식에서 시작되었다. 그래서인지 복부 근육을 많이 흔드는 춤이었다. 특히 댄서의 매혹적인 눈과 관능적인 육체미가 불꽃처럼 튀면서 배 안의 관객들을 흥분의 도가니로 빠져들게 했다. 무희는 맨발이었는데 어머니의 땅에 경의를 표한다는 뜻에서 신발을 벗고 춤을 춘다고 했다. 그런가 하면 남성의 수피 댄스는 시계 방향으로 계속 도는 춤이었다. 댄서는 색동으로 된 치마를 상체에도 입고 하체에도 두 겹씩 입고 춤을 추다가 하나씩 벗어 던지며 접시 돌리듯 계속 몸을 돌려댔다.

나는 행운이었는지 두 번이나 불려 나가 밸리 춤과 수피 댄스를 모두 추어 보았다. 그런데 밸리 춤은 복부 근육을 움직일 줄 몰라 장나무 쪽 같다는 핀잔을 받았고 수피 댄스는 어지러워서 5분도 돌 수가 없었다. 이상하게도 그곳의 댄서는 긴 시간을 같은 방향으로 계속해서 도는데도 끄떡없었다. 마치 큰 파라솔을 돌리듯 우리들 머리 위로 바짝 다가와 치마를 돌리면서 몸을 비틀기도 하고 굴리기도 하면서 재주를 부렸다. 한 시간 반 동안 배 안의 열기를 휘어잡았던 정열의 댄서들과 불꽃을 튀겼던 밤은 지금도 잊을 수가 없이 아름답게 남는다.

둘째 날 저녁에는 낮에 보았던 피라미드 앞에서 「빛과 소리의 축제」 공연을 보았다. 사막의 기후는 낮에는 30도를 넘고 밤에는 기온이 뚝 떨어져서 몹시 추웠다. 우리는 즉흥적으로 마대를 씌웠던 의자 커버를 몸에 둘둘 말고 덜덜 떨면서 피라미드 쇼를 관람했다. 피라미드의 외형과 내부의 설계도, 그리고 조형 상태를 설명하는 오색 불빛은 칠흑 같은 어둠을 밝히면서 신비를 가져다주었다. 잘 이해되지 않는 독일어 해설이었지만 3000년 전의 고대 이집트 역사 속을 해설자와 함께 걸어 다닌 셈이다. 더구나 피라미드 빗금을 따라 올라간 꼭짓점 위에 유난히도 반짝이던 별이 있었는데 피라미드를 배치할 때 그 삼태성 위치와 똑같이 따라 올라간 별이 구심점이 되었다는 이야기는 놀라웠다. 그래서인지 그날따라 홀로 떠 있던 사막의 북극성이 신비 그 자체로 보였다.

예수님 피난교회와 모세 기념교회

회교도가 93%인 이집트 전역에서 7%밖에 되지 않는 기독교인들이 복음 전파를 꾀하기란 쉽지 않았을 것이다. 카이로의 뒷골목 협수룩한 곳에는 예수님이 피난했던 곳을 기념하기 위해 지어진 교회가 있다. 그 교회는 예루살렘의 헤롯 왕이 선지자가 나타났다고 했을 때 이집트로 피난 온 예수 일가가 1년 동안 숨어 지내던 지하였다. 그 동굴 위에는 AD 303년 시리아에서 순교한 서지우스와 바쿠스를 기념하기 위해 지어졌던 것을 AD 10세기에 다시 지었다고 쓰여 있었다. 예수의 십이 사도를 의미하는 12개의 기둥이 회랑을 받치고 있고 천장에는 노아의 방주를 엎어놓은 배 모양이 그대로 남아 있었다. 알렉산드리아 때 지은 곳으로 이집트 초대교회 구성원들이 회합을 가지던 장소이기도 하였으나 지금은 동굴에 물이 차서 막아놓고 매해 6월 1일이면 그곳에서 성인의 축일을 기념하는 행사를 한단다.

아기예수 피난교회 내부

예수님 피난교회 옆에는 또 모세 기념교회도 있었다. 13세기 히브리인의 증가를 억제하기 위해 이집트에서는 신생아로 태어난 남자아이를 모두 죽이라고 하자 모세의 어머니는 역청과 송진을 바른 파피루스 상자에 아기를 넣어 나일강으로 띄워 보냈다. 그런데 하필 이집트의 공주 핫셉수트에게 발견되어 궁중에 들어가 법도를 익히면서 자라나게 된다. 그는 나중에 히브리의 민중을 노예로부터 해방하기 위해 출애굽을 하기까지의 능력과 저력을 이집트 궁궐에서 쌓으며 성장하지만 결국 그들을 배척하고 시나이산으로 가서 십계명을 발표한 뒤 유대교의 창시자가 된다.

'마샤'란 물에서 건져낸 사람이란 뜻으로 모세라는 이름도 '마샤'에서 유래되었다. 그 교회는 아랍과 이스라엘 간의 갈등이 심화하기 전까지 1000년 동안 유대인 공동체 중심 역할을 하기도 했다. 최초 BC 350년경 지어졌던 교회는 BC 30년경 로마에 의해 파괴되었다. 모세가 그 교회에서 죽었다고도 하는데 나중에 아랍이 탈환하여 다시 지었다고도 한다.

핫셉수트의 숨은 사랑

18왕조의 여왕으로 유명한 핫셉수트는 모세를 길러준 최초의 여자 파라오라는 점에서 유명하다. 투트모세 1세의 네 딸 중 셋은 죽고 법적인 상속자로 남은 핫셉수트는 여자이기 때문에 후처가 낳은 아들 투트모세 2세와 결혼을 하게 된다. 당시 왕가에서는 다른 피가 섞이지 않게 동생과 또는 아들과 결혼하는 일을 밥 먹듯 했다.

핫셉수트는 아들을 낳지 못한 데다 남편이 일찍 죽자 자신의 딸을 후처가 낳은 아들 투트모세 3세와 결혼을 시켰다. 그 뒤 10살밖에 되지 않은 투트모세 3세가 파라오로 즉위하자 핫셉수트는 쿠데타를 일으켜 실권을 장악한다. 왕족의 법도 상 여자는 파라오가 될 수 없다는 전통을 깬 그녀는 남장하고 파라오의 수염을 붙인 뒤 공식 행사장에 나타나 통치자로서의 면모를 당당히 보이곤 하였다.

핫셉수트

비록 여자지만 담대한 스타일의 그녀가 20년간 권력을 잡고 통치를 하였으나 당시 유명했던 건축가 세넨무트와 사랑을 나누면서 종말을 맞게 된다. 핫셉수트는 그의 이름으로 장제전과 아몬신을 모실 신전을 만들면서 자신의 무덤 옆에 당시 유명했던 건축가의 무덤까지 설계하고 극비에 이를 추진하다가 비밀이 탄로나면서 갑자기 죽임을 당했다. 왕족의 법도를 어기고 파라오가 되어 나라를 통치했던 핫셉수트의 용기도 대단하지만, 사랑하는 사람을 위해 꿈꿨던 비행 사실이 끝까지 보장되리라 믿었던 실수는 자기 꾀에 자기가 넘어간 것이라고 생각한다. 그런데 어쩌면 알려지지 않은 야사가 더 흥미를 끌듯 핫셉수트의 사랑 이야기도 전설처럼 회자되어 오는 야사가 아닐까 싶기도 하다.

투투모스 3세는 복위하자마자 보복심에 불타올라 7일 안에 계모의 신전을 모두 파괴해버렸는데 그 심정이 이해가 가고도 남는다. 우리나라도 조선왕조 500년사를 돌아보면 평화롭던 시대보다 왕권을 놓고 세력 다툼으로 피비린내를 일으켰던 시대가 더 많았다고 생각한다. 어느 나라든지 권력 앞에서는 어쩔 수 없는 음모와 술수가 살육의 현장을 뒤덮었던 것처럼 지금도 드러나지 않는 악령의 그림자가 정치 밑바닥을 휘젓고 있는지 모를 일이다.

폴란드의 고고학자는 40년에 걸쳐 신전을 복원하였는데 신전 왼쪽 벽면에는 태양신 라와 결혼하여 핫셉수트 자신이 세상에 나오게 되었다는 여왕의 탄생 경위(투트모세 1세였던 아비지의 치적)를 설명하고 있고 오른쪽 벽면에는 헤나 나무를 들여오기 위해 홍해를 중심으로 소말리아 사람들과 교역을 하게 된 내용(금과 향유 나무를 물물 교환했다는 내용)이 저혀 있다.

2층에는 하토르 여신을 오른쪽에는 아누비스 신을 모시는 신전을 만들었고 징제전 입구 양쪽 정원에는 향나무를 심었던 흔적이 아직도 남아 있다. 데이르 엘 바흐리 절벽은 70~100m로 주름진 병풍을 두른 듯 장제전을 감싸고 있는데 신전도 훌륭하지만 건물보

람세테 2세 동상

핫셉수트 신전

다 절벽의 위용에 더 압도되는 느낌이다. 그 시대의 사랑의 기념비로 회자되고 있는 장제전은 지대가 높아 카르낙 신전이 보일 만큼 앞이 확 트여 있어 명당자리라고 불리고 있다. 신분의 격차 때문에 숨어서 사랑을 나눠야 했던 소문이 사실이었다면 한 나라의 통치자로서 핫셉수트의 심정이 먹먹하게 가슴을 파고들어 씁쓸하게도 그가 남긴 건물들이 모두 부질없어 보였다.

화려한 전설 속의 알렉산드리아

카이로에서 북쪽으로 3시간 30분가량 달려가다 보면 지중해를 낀 아름다운 도시가 나타난다. 늪지와 보리밭 사이로 난 고속도로 양옆으로는 공장지대가 보이고 화력발전소와 수력발전소가 함께 가동되고 있는 단지가 눈앞을 가로막는다. 300만 명이 넘게 사는 그 도시 주변 담벼락에는 부겐베리아와 유도화가 활짝 피어 있다. 지중해와 마류트호 사이에 끼어 있는 항구도시인 알렉산드리아는 바다가 가슴을 탁 트이게 펼쳐져 있어서 시원해 보이기도 하지만 관광 휴양도시로 또 자동차, 기계, 시멘트, 조선소, 목화거래소가 있는 상공업 중심도시로 이집트에서는 카이로 다음가는 큰 도시다.

알렉산드리아는 알렉산더 대왕이 정복한 후 그의 이름을 따서 만든 것이다. BC 356년 마케도니아 왕인 필립 2세와 어머니 올림피아 사이에서 태어난 알렉산드로스는 아버지가 암살당하자 군

알렉산드리아 전경

대의 추대로 20대에 왕위에 올랐다. 그는 소아시아로 건너가 페르시아를 정복한 뒤 그 지배 아래 있던 그리스의 도시국가들을 모두 해방시켰다. 그리고 남부 러시아에서 호르무즈해협까지 이집트에서 인도 북서부까지 정복하고 아라비아 원정을 계획하던 중 33세 나이로 갑작스럽게 열병에 숨진다.

그는 이집트를 공략하고 아몬 신전에 가서 '신의 아들'이라는 신탁을 받았는데 이미 지중해가 바라보이는 라코티스라는 조그만 어촌마을에 알렉산드리아란 도시를 만들 계획을 확정했었다. 바로 밑의 수장이었던 프톨레마이오스는 그걸 알고 그곳에다 왕조를 세우고 수도를 정한 뒤 약 40년간 이집트를 통치하였다. 고왕국의 수도 멤피스, 신왕국의 수도 테베에 이어 로마 아테네와 함께 세계적인 도시로 발전하게 된 알렉산드리아는 클레오파트라 여왕까지 330년간 지중해의 정치, 경제, 과학, 예술의 중심도시로 명성을 떨쳤다. 그러나 지금은 그 시대의 영화는 찾아볼 수 없고 무수한 전설만 남아있을 뿐이다.

클레오파트라와 알렉산드리아

알렉산드리아가 비운의 대미를 장식하게 된 것은 프톨레마이오스 15세 때의 일이다. 아버지가 돌아가시자 프톨레마이오스 13세인 이복동생과 결혼하게 된 클레오파트라는 공동통치자가 되어 친 로마 정책을 썼으나 그리스 세력에 의해 왕좌에서 밀려난다. 그 후 폼페이우스를 치고 들어온 로마의 카이사르 지지를 받으면서 다시 공동통치자가 되는데 프톨레마이오스는 거센 반발로 전쟁을 일으켰으나 결국 카이사르에게 죽임을 당한다. 그 뒤 또다시 프톨레마이오스 14세와 공동통치자가 된 클레오파트라는 가이사르와의 사이에서 아들을 낳고 로마와 이집트의 후계자로 키울 욕심이었으나 카이사르가 암살당하자 프톨레마이오스 14세를 죽이고 아들을 공동통치자로 세운다.

한편 로마는 3두 정치에 들어가다가 결국 안토니우스와 옥타비아누스 두 세력으로 압축되는데 BC 42년 안토니우스는 소아시

바닷속 클레오파트라의 궁

아 타르수스에서 만난 클레오파트라의 미모에 반하여 옥타비아와 이혼을 하고 정식 결혼을 하여 남녀 쌍둥이를 낳는다. 그때까지 로마로부터 안전하다고 믿었던 안토니우스는 자신이 사랑한 여자와 이집트를 운명에 걸고 옥타비아누스와 교전을 벌이는데 불행하게도 악티움 해전에서 패하고 로마의 속국이 된다.

안토니우스는 클레오파트라의 자살 소문을 듣고 스스로 죽고 클레오파트라는 자신을 로마의 구경거리로 만들려던 옥타비아누스의 속셈을 알고 스스로 독사에 물려 자결한다. 나라의 운명과 독립을 위해 정략적 결혼을 해야 했던 클레오파트라의 음모도 무서웠지만, 그녀의 미모에 반했던 두 남자의 운명도 기구하긴 마찬가지였다. 그녀가 죽은 후 알렉산드리아는 로마의 영향을 받아 크게 발전하는데 그 왕조의 흥망이 서린 2000년 전의 모습은 지진으로 흔적조차 찾을 길이 없다. 지중해 바닷속에 클레오파트라의 궁이 묻혀 있다니 어느 날 또다시 지각 변동을 일으켜 그 시대의 유물이 드러난다면 전설처럼 살다 간 한 여인의 운명과 알렉산드리아의 역사를 다시 추리해 볼 수 있으리라.

파로스 섬의 등대를 생각하며

그리스·로마 시대의 유물로 알렉산드리아에 기근이 발생했을 때 식량을 보내준 로마 황제 디오클레티아누스를 위해 건립했던 폼페이 기둥은 지중해가 바라보이는 높은 지대에 유일하게 1개가 남아 있다. 그 부근에는 18왕조 호렘헤브 때의 스핑크스와 19왕조 때 람세스 2세의 스핑크스, 프톨레마이오스 왕실의 수호신이었던 세라피스 신전이 있던 자리다. 그곳을 둘러보니 부서진 돌들만 흩어져 있어서 당시의 신전은 상상으로만 그릴 수밖에 없었다.

우리는 지중해가 바라보이는 2층에서 생선요리로 점심을 먹고 카이트베이 요새 앞에서 바다낚시 하는 사람들을 구경하며 산책을 하였다. 수초들을 따 먹어도 좋을 만큼 깨끗한 물속 어디쯤 묻혀 있을 파로스 섬의 등대를 상상하면서…. 헵타스타디온 제방과 연결된 동쪽 끝에 서 있던 등대는 높이가 135m나 되는 대리석으로 맨 꼭대기에 거대한 이시스 여신상이 우뚝 솟아 있어서 전망대의 반사경 불빛이 맑은 날에는 콘스탄티노플까지도 비쳐 안전 항해를 도왔다고 한다. 그 거대한 등대도 인간의 힘을 무색하게 할 정도로 사라졌으니 세월만 탓할 수밖에. 알렉산드리아는 주말이어서 학생들의 모습이 많이 눈에 띄었다. 이집트인들은 눈이 크고 아름다워서 쌍꺼풀 속에 깊이 빠져들 것만 같다던 말이 실감 났다.

알렉산드리아는 준 스텝 지역이다. 지중해성의 온화한 기후로 나무가 잘 자라지 못하는 석회질이 많은 백 사막과 지진 침하로 검은 돌들이 드러나 보이는 흙 사막으로 합해져 있는데 카이로에서 알렉산드리아까지 가는 중간 사막지대에는 전신주만 열을 지어 늘어서 있고 가도 가도 풀 한 포기 보이지 않았다. 우리는 버스로 이동하는 동안 개개인의 재주를 발표하면서 웃고 즐겼는데 돌아갈 때는 사막으로 지는 태양을 퍽 인상 깊게 바라볼 수 있었다. 세상에 태어나서 가장 가까이 가장 큰 햇덩이를 보았다고나 할까. 수평선으로 지는 해는 여러 번 보았지만, 지평선으로 지는 붉은 태양은 처음 보았으므로 신기했다. 마치 서쪽 하늘을 꽉 채운 붉은 원이 손에 잡힐 듯 황홀하게 마주 서서 따라왔다. 태양의 나라! 신의 나라가 되었던 이집트가 태양신 숭배의 원천이 될 수 있었던 것을 그날은 조금은 알 수 있을 것 같았다.

카르나크 신전과 룩소르 신전

국내선 비행기로 한 시간 정도 날아가 아침 일찍 도착한 곳이 룩소르다. 룩소르는 거의 30도에 가까운 날씨여서 모두 반소매 옷을 입고도 땀을 뻘뻘 흘렸다. 고대 상 이집트에 속해 있던 중왕국 시대의 수도 '테베'는 룩소르로 바뀌었는데 BC 1570년경 아흐모스왕에 의해 신왕국이 세워지면서 테베는 국가의 신 아몬과 태양신 라를 합해 아몬 라 신을 섬기게 된다. 그 신을 모시기 위해 파라오들은 카르나크 신전과 룩소르 신전을 지었다.

신전에 들어차 있는 수많은 기둥을 보자 나는 남이섬의 메타세쿼이아를 생각했다. 개인이 46만 평이나 되는 땅에 아름다운 나무들을 가꾸고 여러 가지 볼거리 즐길 거리를 마련해 놓은 데다 남이 장군의 묘를 조성하여 남이 공화국이라고 이름 붙인 곳! 그곳이 유명하게 된 것은 젊은이들의 사랑을 듬뿍 받은 드라마 「겨울연가」가 뜨면서 메타세쿼이아 숲이 배경을 이룬 때문이다. 메타세쿼이아는 삼나무 과로 나무 기둥이 하늘을 향해 쭉쭉 곧게 뻗어 올라간 게 매력이다.

이집트인들은 그 메타세쿼이아를 전혀 보지 못했을 텐데 어디서 그런 발상을 했는지 신기하다. 카르나크 신전과 룩소르 신전에는 지붕이 없는 어마어마한 기둥들이 숲을 이루고 있다. 배흘림기둥은 우리나라 사찰에 가서도 종종 볼 수 있는데 이집트에 와서도 그 많은 배흘림기둥을 볼 수 있다니 그 기둥엔 종교적인 기원을 닿게 하는 신통력이 있다고 믿은 것일까? 세계에서 가장 오래된 카르나크 신전은 1500년 동안이나 지었지만, 미완성으로 끝났다는데 그 웅장함은 완성 단계에 있는 거나 다름없었다. 그곳엔 높이 100m가 넘는 기둥들이 양쪽으로 134개나 사열하듯 줄을 서 있다. 3대에 걸쳐 파라오들이 지었던 그 신전 앞에는 숫양의 얼굴을 한 스핑크스가 50여 마리 열을 지어 앉아 있고 그

안으로 들어가면 람세스 2세가 도리깨를 들고 아내며 딸인 벤타타를 발 위에 올려놓은 채 성지를 지키고 있다. 규모가 웅장한 신전은 아몬에게 바치기 위해 지었는데 긴 주랑이 남북으로 2㎞나 뻗어 있고 맞은편에도 장방형 기둥이 30개가 넘게 서 있다.

남이섬의 메타세쿼이아 숲은 길이가 짧은데다 모두 몇십 수나 심어졌을까? 나는 가끔 동해안의 강릉이나 속초에 가서도 몇십 년 묵은 홍송이 빽빽하게 숲을 이루고 있는 것을 보면 감탄사가 절로 나온다. 솔숲의 나무들은 굵은 기둥이 구불구불 자유롭게 뻗어 올라간 것도 있지만 미인송이 들어찬 삼척 준경묘에 가면 쭉쭉 뻗은 소나무가 군락을 이루고 있어서 가히 장관이다. 하여튼 룩소르 신전 앞에도 파피루스 주두의 기둥들이 두 줄로 나란히 하늘을 향해 서 있는데 그곳을 지나가면 아몬 오피스 3세 정원에도 길이 25m 되는 파피루스 모양의 기둥이 100여 개 가까

룩소신전

이 줄을 지어 있다. 룩소르 신전은 아몬 오피스 2세 때 짓기 시작하여 투투모스 3세 때 확장하고 람세스 2세까지 3명의 왕에 의해 200년 동안 지어져 3200년에 완성하였다.

도대체 그들에게 기둥은 어떤 의미였을까? 나는 계속 궁금하여 가이드에게 물었더니 투투모스 3세는 해외 원정을 자주 나갈 때마다 운명의 신에 의지하여 불안한 심리를 달래기 위해 기둥을 세웠다고 한다. 자세히 보니 기둥 벽에는 알 수 없는 상형문자와 그림들이 수없이 새겨져 있었다.

새해가 되어 대보름맞이를 할 때 우리는 한 해의 기원을 써서 올리고 불에 태운다. 신에게 드리는 기도문이 계속 남아 있다면 그 양이 엄청날 것이다. 4월 초파일 절에 가면 기원 등을 수없이 많이 달아 놓고 성당 봉안당에 가면 또 고인의 명복을 비는 기원 딱지가 다닥다닥 붙어 있다. 그것처럼 파라오들의 책임은 국태민안이고 외부의 침입을 막기 위해 방어벽을 마련하는 일이며 적을 공격할 때면 성공할까 실패할까 불안했을 테니 하늘에 닿는 기원문을 작성하여 높이높이 올렸나 보다.

카르나크 신전에서 긴 주랑을 따라가면 핫셉수트가 세운 오벨리스크도 보인다. 하늘을 찌를 듯한 대형 꼬챙이 모양인 오벨리스크는 태양신의 권위가 내려오고 땅에서는 파라오의 권위가 올라간다는 뜻으로 투투모스 1세, 아문 라신, 투탕카멘을 찬양하기 위해 양쪽에 세워져 있었다. 그런데 하나는 이스탄불 히포드럼 광장으로 보내졌다고 한다. 당시 이집트는 비잔틴 제국의 속국이었으므로 투투모스 3세가 승전비로 선물을 했다는 것이다. 재미있는 것은 투투모스 3세가 신(석상)을 합궁시켜 놓고 축제를 벌인 장소를 '백만 년 축제의 홀'이라고 불렀다. 하긴 신전이 오래되었으니 100만 년 동안 축제를 벌여도 끄떡없을 듯하다.

우리나라에서도 하늘과 소통하기 위해 솟대를 만든 끝에다 새를 조각하지 않았던가. 하늘을 맘껏 날 수 있는 새에게 간절한 뜻을 전하여 중간 역할을 해 주길 바라는 마음이었다. 기둥 하나에 기원문 하나 쓰고 또 기둥 하나에 승전을 비는 기원문을 하나 쓰고…. 그렇게 늘어난 기둥들은 말쑥하고 정교했다. 외면에다 그림을 그리고 글도 써야 했으니 깔끔하게 다듬는데도 온 정성을 기울였을 것이다. 나는 석주들이 늘어선 주랑을 돌면서 쭉쭉 뻗은 나무 메타세쿼이아가 이집트 신전의 기둥을 닮긴 했지만, 어찌 그 의미가 같은가 싶어 혼자만의 상상으로 끝내고 말았다.

왕가의 계곡으로 가는 길

차창 밖으로 비친 거리의 들판을 보니 밭에는 밀, 보리, 사탕수수, 대추야자들이 푸르게 우거져 있다. 우리는 잠시 나일강 하류에서 쉬게 되었는데 돛단배와 유람선이 떠 있는 강변 옆 공원에 산책로가 마련되어 있어서 아름다운 꽃들을 배경으로 사진을 찍고 거닐기도 하면서 즐겁게 보냈다.

그리고 곧 테베 뒤쪽 산인 모래사막으로 이동한 후 요새처럼 파 놓은 왕가의 계곡에서 코끼리 미니 열차를 타고 무덤 입구까지 들어갔다. 그런데 어디서 몰려왔는지 관광객들이 북적거리고 있었다. 풀 한 포기 보이지 않는 땡볕에서 발굴 작업을 하는 인부들도 보였다. 이집트인들은 계곡에 우뚝 솟아 있는 모래 산이 자연적인 피라미드를 형성하고 있어서 신성하다고 믿고 그곳에다 무덤을 썼던 것이다. 더구나 나일강의 범람을 피할 수 있는 석회암 산인데다 도굴까지 피할 수 있는 은밀한 장소여서 안전하다고

왕가의 계곡 출입구

생각했으리라.

그래도 파라오들의 무덤이 그곳에 있는 줄 안 도굴범들은 가만히 있었을 리 없었다. 약탈해 간 액세서리와 보석을 시장에다 내다 파는 것을 알고 박물관 책임자 에밀 브룩스베이는 오랜 조사 끝에 모든 부장품을 박물관으로 이송 조치하다 보니 무덤엔 벽화만 남아 왕기를 진하고 있다. 왕들 무덤에는 여러 개의 방이 만들어져 있고 미라를 만들 때 내장을 보관하는 항아리도 깊숙이 바련되어 있었다.

초기 고왕국 시대 때 이집트는(BC 3000경) 호루스 신을 섬기다가 2왕조에는 세트 신, 4왕조 때는 라 신을 왕가의 신앙으로 삼았다. 그러나 번창하던 왕가가 6왕조 때 몰락하면서 피라미드 시대가 막을 내리고 그 뒤 12왕조인 중왕국 시대 때는 아멘 신을, 신왕국 시대 때는 라 신을 흡수하여 아멘 라 신을 섬겼다. 람세스는 라(태양신)의 아들이라는 뜻으로 최초의 파라오였다.

파라오의 무덤 속에는 왕의 행적을 의인화해서 설명하고 있는 상형문자들이 많이 나온다. 하토르 여신은 무화과나무에서 살고 네이트 여신은 두 화살을 방패의 형태를 하고 있다. 오시리스는 두 팔을 X로 하고, 아누비스는 다산과 풍요의 신, 앙크는 생명의 열쇠를, 원숭이 토트는 지혜의 신, 머리에 깃털을 꽂은 마트는 정의의 신, 세샤트는 기록의 신, 세트는 악의 신, 프타는 창조의 신, 크눔은 물의 신, 바스테트는 고양이, 누트는 천상의 별…, 세크메트는 프타의 아내로 사자 형상을 하고 있고 아몬은 태양신 라와 결합한 수호신으로 머리에 두 개의 뿔을 달고 있다. 이들은 파라오가 행했던 일을 벽화에 생생하게 그리고 있다.

우리는 18왕조부터 20, 21왕조까지 60개 무덤이 모여있는 곳에서 10개가 개봉되어 있는 람세스 6세, 3세, 4세의 무덤을 보았다. 신왕국 초기 무덤들은 대개 입구가 좁은 경사지로 되어 있고 후기로 갈수록 입구도 넓어지면서 평탄한 데다 벽화를 그릴 때면 홈을 파서 채색을 하기도 했다.

람세스 6세 무덤에는 람세테 5세 토오트 안크 아몬이 무덤을 만들다 죽은 후 6세와 함께 무덤을 썼다는 내용, 태양의 원, 영혼의 새, 생명의 열쇠를 주는 아누비스가 있고 죽음의 강이 그려져 있다. 람세스 3세의 무덤은 공개되어 있는 무덤 중 가장 길다는데 평소 람세스 2세를 가장 많이 닮으려고 노력했던 왕이어서 무덤도 같은 모양을 본떠 만들었다고 한다. 입구에는 여신 마트가 독수리 날개를 펴고 파피루스와 연꽃에 앉아 있는 모습, 나일강에

투탕카멘

서 배를 타고 이동하는 모습, 하트를 연주하는 여인들, 오시리스에게 향유를 바치고 심판을 받는 모습들이 그려져 있다.

람세스 4세의 무덤에는 크리스천 박해 시절에 사도와 성직자가 십자가가 앞에서 기도하는 모습, 람세스 4세가 태양신을 만나는 모습, 공기신 슈가 누트를 몸으로 받치고 있는 모습, 태양신이 보트를 타고 세상을 항해하는 그림들이 화려하게 묘사되어 있다.

우리는 전날 박물관 1층에 있는 람세스의 거대한 조각상들과 투탕카멘의 유명한 황금마스크를 비롯한 이집트 각지의 신전과 무덤에서 발굴된 조상과 건축물의 조각, 부조, 벽화, 공예품 등 고대 유물들 12만 점을 보았었다. 피라미드에서 나온 파피루스 문서에 보면 이들은 5왕조 때부터 남성이 포경수술을 했고 남자는 붉은색, 여자는 흰색으로 화장을 했는데 그중 투탕카멘(투투, 앙크, 아문)의 무덤에서 발굴된 3,500여 점 중 1,700여 점이 전시되어 있던 유물들을 흥미있게 감상할 수 있었다.

투탕카멘은 7세에 왕위에 올라 18세에 죽은 왕으로 그의 무덤은 1차대전 이후 1922년 하워드 카터가 스티븐슨과 함께 발견했다. 어둠 속에서 성냥불을 긋는 순간 무덤 속은 온통 금빛으로 빛났는데 관 뚜껑에는 "파라오의 잠을 방해하는 자는 저주가 있으리라" 하는 메시지가 써 있었다. 그래서인지 관문을 여는 순간 스티븐과 그들을 보좌했던 간호사는 그 자리에서 숨지고 말았다. 유장품은 금으로 된 7개의 관중 3개가 겹겹이 내장되어 있었고 생존에 쓰던 것, 죽어서 쓸 것, 장례식 때 썼던 것들이 무덤 안에 화려하게 소장되어 있었다.

유리전시관 속에 있는 투탕카멘의 생전 모습은 황금으로 만들어져 있어서 너무나 아름다웠다. 그 나라 사람들의 연금술이 얼마나 발달했는지 금방이라도 살아 일어날 것만 같은 미소년의 얼굴이 금으로 세공되어 번쩍거렸다. 그를 담았던 황금관의 무게는 117kg이나 되는데 그중 4개의 관은 룩소르에 소장되어 있다. 우리는 전날 그걸 보고도 호기심에 다시 입장료를 내고 들어가 4번째 석관을 친견했었다. 석관 안에는 금으로 만든 투탕카멘이 반듯하게 누워 있었으나 더 많은 걸 보지 못해 다소 실망감을 안고 나왔다.

이집트의 수도를 떠나오며

이집트의 창조 신화를 보면 호루스의 눈이 이집트의 상징이 된 경위를 잘 알 수 있다. 태초에 강물 위로 언덕 하나가 솟아오르면서 태양신 아툼이 탄생하였고 아툼은 공기의 신과 습기의 신을 낳고 다시 대지의 신과 하늘의 신을 낳는다. 이들은 또 오시리스와 세트라는 아들 두 명, 이시스와 네프티스라는 딸 2명을 낳았는데 첫아들인 오시리스는 아버지의 명을 받고 28년이나 평화롭게 나라를 다스렸다. 그러므로 가장 추앙받던 테베의 화신이 되었다. 그는 나중에 죽음을 관장하는 심판관이 되어 영원불멸한 삶을 지향했던 이집트인들의 숭배자로 우뚝 서게 된다.

그런데 오시리스가 이시스(모신)와 결혼하자 동생 세트는 이를 시기하여 형을 살해할 음모를 꾸민다. 관 속에 누워 키가 맞으면 금은보화를 주겠다고 약속하고 오시리스가 관에 눕자 뚜껑을 닫아 나일강으로 흘려보낸 뒤 14개의 토막을 쳐서 죽여 버린다. 이

오시리스

를 안 이시스가 슬퍼하며 잘린 토막을 진흙으로 붙여 부활하게 하자 염라대왕이 된 오시리스는 저승에서 다시 이시스와 결혼하여 아들 호루스를 낳게 된다.

호루스는 나중에 아버지의 원수를 갚기 위해 세트와 치열하게 결투를 벌이다가 왼쪽 눈을 잃지만, 지혜의 신 토트가 원래의 눈으로 재생시켜 주었다. 그는 이집트를 통일한 군주로 그리스의 아폴로와 같은 신으로 추앙받게 된다. 이집트 민족주의 중심을 이룬 호루스는 기원 3000년 전 80년간 이어온 세트와의 싸움에서 액운을 막고 승리하였다 하여 어둠을 비추는 매의 눈으로 상징된다. 그 눈은 여행 내내 파피루스에 담겨 우리들의 시선을 사로잡았다.

서구 문명의 원형 두 줄기는 헬레니즘과 헤브라이즘이다. 헬레니즘은 그리스·로마문화를 이루면서 유럽과 아시아를 위시한 로마문화의 번영과 역사를 가져오고 헤브라이즘은 유대 및 이스라엘문화로 기독교문화의 근간을 이루었다. 이 두 큰 줄기는 로마 속에 통합되는데 이번에 여행을 하면서 이집트 역시 이 두 줄기의 영향을 받았던 문화의 흔적을 뚜렷하게 엿볼 수 있었다. 무엇보다도 이집트인들이 가지고 있던 신화나 신전은 그리스에 비해 엄청난 양과 질을 가지고 있었으며 알렉산더 대왕이 그리스문화와 오리엔트풍의 이집트문화를 결합하면서 알렉산드리아가 그리스·로마문화의 중심을 이루기까지 헬레니즘을 일으키는 원 줄기였음은 의심할 여지가 없었다.

또 모세가 이집트 궁정에서 자라나 출애굽을 한 뒤 유대의 창시자가 되었던 사실이라든가 로마 점령 후 알렉산드리아가 그리스 초기 교회의 활동 무대가 되었다는 것을 볼 때 헤브라이즘의 뿌리 역시 여기에 근거하고 있다는 생각을 버릴 수 없었다. 다만 이집트가 인류 최초의 엄청난 문화유산을 보유하고 있으면서도 그 가치를 인정받지 못했던 것은 아랍 침략 이후 이슬람 종교의 지배적인 영향권에 있게 된데다 오스만 튀르크에 함락되었다가 후에 프랑스와 영국의 침략으로 2000년간이나 남의 나라에 지배를 받아왔던 국력의 쇠망에 원인이 있지 않았나 한다.

이집트는 대도시만 빼놓고 국가 전체가 박물관이었다. 밟히는 돌마다 유물이고 유적이다 보니 영국, 프랑스, 이탈리아 등 외국으로 반출되어 나간 문화재가 수없이 많다는 것을 알 수 있었다. 그런데도 이집트의 고유 문화재에 별 관심을 두지 않는 정부가 무척 안타깝게 느껴졌다. 피라미드를 통해 얻는 관광 수입이 국가 경제의 40%를 차지하고 있으니 조상 덕에 호강하고 있다고 할까. 또 수에즈 운하의 통행료, 해외 노동자들의 송금, 사탕수수, 외교관의 차관 등 우리나라보다 훨씬 좋은 자원이 있는 나라가 이집트였다.

문화는 바로 국력과 직결된다는 것을 모를 리 없다. 가난한 그 나라 사람들이 자기네 문화유적을 어떻게 영구보존 시켜 나갈지 왜 이방인인 내가 그것이 걱정스러운지 이상했다. 이집트를 여행하면서 나는 인류의 뿌리, 삶과 죽음을 하나로 보고자 했던 영원성, 그 정신의 근원이 신화에 의해 이루어져 있는 것을 볼 때 인류 최초의 시원을 찾아 길 떠날 수 있었던 것에 행복을 느꼈다. 더구나 사람이 죽으면 언젠가는 환생한다고 믿었던 이집트인들의 불멸성에 대한 확신도 아직 그들의 의식구조를 벗어나지 못하고 있다는 생각을 접을 수 없었다.

이집트의 돌들이 얼마나 위대한 영혼을 가졌는지, 파라오의 통치력이 얼마나 많은 신화를 탄생시켰는지, 인간의 죽음이 얼마나 큰 상상력을 낳았는지 나는 그동안 인류 기원의 역사 속을 신나게 걸어 다닌 셈이었다. 그저 먼지만 풀풀 날리는 황무지 땅이 아닌 태양의 신비를 안고 있는 나라, 고대문명의 알 수 없는 문자와 기호들이 현대문명 속에 병합되어 소통의 수단이 되고 있는 나라, 그러므로 고대와 중세, 현대를 여행할 수 있는 판타지의 세계를 충분히 갖추고 있는 나라가 이집트라는 것을 새롭게 배울 수 있었다.

2

그리스

해맑고 청아한 날씨 그리스

그리스는 피천득 선생의 수필 「오월」을 떠올리게 하는 인상이었다. 그곳의 온화하고 편안한 날씨가 전형적인 지중해성 기후라는데 세계를 장악했던 민족은 모두 지중해 연안에 근접해 있던 나라라니 지형적인 영향 때문일까? 평소에 나는 그리스를 떠올리면서 10년 전쟁을 승리로 이끈 트로이 목마를 보고 싶었고 산투리로 평상심을 달래던 자유분방하고 호방한 조르바를 생각하며 니코스 카잔차키스의 고향 크레타섬을 보고 싶었다. 그러나 이번 여행에서 그곳은 완전히 제외되어 퍽 아쉬웠다.

외국의 수많은 젊은이들은 세계 여러 나라 중 그리스를 '가장 여행하고 싶은 나라'로 꼽는다. 그만큼 그리스 주변에는 200여 개나 되는 섬이 있고 신화의 이야기가 꽃을 피우는 데다 3면이 바다로 둘러싸여 복잡한 해안선과 험악한 산악지대가 아름다운 경치를 만들고 있었다. 공항에서 빠져나온 우리는 전형적인 유럽

아테넨 신전 유물

풍의 깨끗하고 산뜻한 식당에서 스파게티와 야채로 점심을 먹고 시내 관광에 들어갔다.

거리에는 보랏빛 라일락이 화사하게 피어 있었지만, 그리스는 올리브나무의 천국이었다. 올리브는 16년을 자라야 성숙하고 40년이 되어야 전성기를 누린다는데 외곽으로 나가면 눈에 띄는 것이 모두 올리브나무였다. 그리스는 석유가 나고 해운업이 발달하여 선박 보유 제1국으로 정평이 나 있기도 한데 중북부에 대평원이 있어서 농업 대국을 자랑하는 나라다. 인구의 97%가 기독교인들이고 저 시신대에 있어서 높은 건물은 대부분 3~4층을 이루고 있었다.

처음부터 대립되었던 두 도시국가

그리스의 역사를 거슬러 오르면 기원 1600년에서 1400년 전

크레타섬에서 발생한 미노아 문명은 화려하고 융성했으나 화산 폭발로 붕괴, 미케네 문명을 낳는데 이들은 소아시아의 해안 일대를 돌며 약탈을 일삼는 강대국이었다. 이 미케네 문명도 쇠락하고 크레타와 미케네가 합한 에게 문명이 4500년 동안 이어지다가 암흑시대로 들어간 뒤 기원 7~800년에 다시 새로운 문명이 시작되면서 수많은 도시국가가 난립하게 된다. 그리스의 아테네는 학문과 예술의 도시, 고린도는 상업도시, 스파르타는 군사도시로 발전하였다.

아테네 시민들은 법 앞에서 사람은 모두 평등해야 하고 개인의 권리와 언론의 자유를 인정해야 한다고 자유와 민주주의를 부르짖었고 스파르타인들은 엄격한 군사적 규율을 기치로 내걸었다. 스파르타에서는 7세가 되면 아이들에게 전투 훈련을 시키고 30세가 지나야 결혼을 허용했는데 그들이 낳은 아이는 모두 국가에 바쳐졌다. 지금도 스파르타와 칼라마타를 잇는 산길은 삼나무와 잡목이 우거진 사냥터로 유명하다. 스파르타인들은 군인이 못될 허약한 아이는 정글에다 가차 없이 버렸다. 그렇게 처음부터 성향과 기질이 달랐던 두 도시국가는 페르시아 전쟁을 겪고 나서 델로스 동맹과 펠레폰네소스 동맹을 맺으면서 한동안 친화를 이룬 듯했으나 30년 동안 동족끼리 전쟁을 일으키면서 그리스의 쇠퇴를 부채질했다.

아테네에 있는 아크로폴리스 언덕에 서면 유럽풍의 아름다운 시가지가 화려하게 내려다보인다. 마치 남산 타워 위에 올라가서 서울 시내를 내려다보는 것과 같다. 고대 도시국가들은 높은 방

아크로폴리스 언덕

벽을 요새로 삼고 주신을 모시기 위해 그곳에다 신전을 지었으므로 아직도 그리스인들은 지대가 높은 곳을 선호한다. 폴리스 언덕은 지면으로부터 90m 높이의 선상에 있는데 신화에 의하면 여신 아테나가 올리브를, 포세이돈은 물을 주겠다고 했으나 시민투표에 의해 아테나가 승리를 했으므로 도시 이름을 아테네로 붙이게 되었다. 만약 포세이돈의 말을 들었더라면 아테네 어디에 지금쯤 푸른 강물이 출렁거리고 있었을까?

그리스인들은 자신들을 신화에 나오는 프로메테우스(불), 즉 선견자라는 인물의 손자 헬레나스의 후손들이라 믿는다. 그래서 국명을 스스로 헬라스라고 했지만 로마에 1000년, 오스만 제국에 380년 지배를 받아오면서 오랫동안 식민통치의 아픔을 겪어오다가 1830년에야 비로소 독립을 하게 되었다.

파르테논 신전과 에레크테이온 신전

그리스의 대표적인 건물을 말하라면 누구나 아크로폴리스 언덕에 있는 파르테논 신전과 에레크테이온 신전을 가리킬 것이다. 그리스 역사의 골 깊은 풍상을 전해 주는 이 유물들은 거의가 파손되었지만 당대의 화려했던 역사를 말해준다. 입구에는 도리아식 기둥이 차례로 늘어서 있고 그 참배의 길로 들어서면 승리의 여신이 있는 이오니아식 신전을 통해 파르테논 신전으로 들어가게 된다. 도리아식이 남성적이라면 이오니아식은 우아하고 유연한 여성적인 느낌인데 페리클레스가 설계했던 이 신전은 그가 30년간 아테네를 통치하면서 후손들에게 물려줄 유산으로 구상했던 것이다.

그는 도편 추방제를 실시하고 투표인구 1/10 부재표만 나와도 인정을 하려 들지 않았으므로 민주주의의 아버지라고 불렸던 사람이다. 더구나 파르테논 신전은 시민들에 의해 자발적으로 힘을 모아 지어진 것이어서 더 유명하다. 이 신전은 교회, 성당, 사원 등 다각적으로 활용되었으나 한때 델로스 동맹의 금고로 이용되기도 했다. 이슬람의 예배당인 모스크로 이용되기도 하고 급기야는 터키의 화약고로도 쓰였으니 운명의 신이 야속하지 않는가. 1500년 동안 형태를 유지해 왔던 신전이 지금은 상처투성이가 되어 있어도 유네스코 제1호로 등록되어 있는 문화재이다.

파르테논 신전

우리가 당도했을 때는 보수공사가 한창이어서 어수선한 분위기였다. 항상 잡지나 책에서 보아왔던 건물을 직접 대하다 보니 큰 감회는 오지 않았다. 예감으로 미리 본 듯한 착각에 빠졌다 할까? 철근으로 받침대를 세워 놓아 자세히 볼 수도 없었다. 원래 신전 지붕은 파란색 별 모양의 금박 장식이 있었고 중앙에는 아테나 여신상이 그려져 있었는데 베네치아 전쟁으로 날아가서 찾을 길이 없게 되었다. 간다라미술의 영향을 받은 신전 기둥들은 46개가 안으로 약간 기울어져 있어서 공중으로 쏘아 올리면 어느 한 지점에서 만나게 되어 있다. 이집트의 신전이 석회석으로 지어졌다면 그리스 신전은 모두 대리석으로 지어진 것처럼 말끔한 예복 차림이다.

에레크테이온 신전은 파르테논 신전 왼쪽에 비스듬히 서 있다. 그것도 거의 파손되다시피 했는데 신전 지붕을 받치고 있는 여섯 명의 소녀상 주랑들이 늘씬해 보인다. 각양각색의 포즈를 취하고

에레크테이온 신전

있는 이 기둥 밑 샘물가에서 케클로스 왕은 어느날 바다의 신 포세이돈이 하는 말을 들었다. “나를 수호신으로 삼으면 멋진 너의 세계를 만들어 주리라.” 그 후 북서쪽에다 신전을 지었더니 정말 파도 소리가 들려왔다고 한다.

기둥에 새겨진 조각상들을 보면 귀고리, 머리 모양, 복장, 다리 위치 등이 모두 달라서 멀리서 바라보아도 퍽 아름답다. 그러나 실제 조각상은 영국 대영박물관에 전시되어 있고 그곳에서 보이는 것은 모두 모조품이라니 어이가 없다. 영국을 누가 신사의 나라라고 했던가. 세계문화유산을 저희들 것처럼 소장해 놓고 해상을 지배했던 나라의 위력을 보란 듯 과시하고 있지 않은가. 신전 옆 올리브나무는 자연적으로 심어져 자라오다가 페르시아군에 의해 불탔던 것을 다시 심었는데 지금까지도 싱싱하게 잘 자라고 있었다.

아레오파고스 언덕의 음악당

아크로폴리스 남쪽에는 헤로데스 아티쿠스 야외 음악당이 있다. 아티쿠스 음악당은 6,000명을 수용할 수 있는 규모인데 거의가 부서져 보였다. 그러나 밤에 조명을 받으면 화려하고 웅장하여 세계 음악가들은 그곳에서 공연하는 것을 가장 큰 영광으로 생각한단다. 이 건물은 페르시아인이 침략하였을 때 거부가 된 할아버지의 재산을 유산으로 받은 헤로데스 아티쿠스가 사랑하는 그의 아내 레기나에게 바치기 위해 완성했던 것을 아테네 시민들에게 기부한 것이다.

인도에는 뭄타즈마할, 그리스에는 레기나, 터키에는 히에라가 있으니 사랑을 한 몸에 받았던 여인은 각 나라마다 존재하고 있었다. 그 사실 하나만으로도 나는 같은 여성의 입장에서 충분히 위안되었다. 그리스는 예부터 야외 문화가 발달되어 오페라나 고전극을 공연할 때는 복역 중인 죄수까지도 관람할 기회를 줄 만큼 거국적인 축제 행사를 가졌다.

루치아노 파바로티나 조수미 같은 세계 음악가가 그곳에서 열연을 했다니 그 모습이 가히 상상되었다. 얼른 보면 다 파손된 듯 보여도 음악당 본체 건물의 외벽만 없을 뿐 객석은 보수되어 훌륭한 음악당 구실을 할 수 있었다. 신이 내려주신 음성들이 그 언덕까지 퍼져갔을 생각을 하면 그저 황홀할 뿐이다.

그곳에도 박물관이 있는데 코가 파손된 알렉산더의 얼굴, 파르테논 신전에서 떨어져 나온 조각상, 그리스 신화에 나오는 인물들, 아가멤논의 황금마스크, 화려한 금속공예품들이 진시되어 있었다. 아크로폴리스에서 내려오다 보면 아레오파고스 언덕 아래 사도 바울이 연설했다는 기념 석비도 보인다.

또 소크라테스가 판결을 받고 죽음을 맞았던 감옥도 있는데 인류를 위한 선고나 다름없었던 그리스 법이 얼마나 엄격했는가를 알 수 있다. 악법도 법이라고 자신의 신념을 굽히지 않았던 소크라테스의 도덕적 양심이 아직도 우리들 심장을 겨누고 있다. 숲으로 둘려진 공원의 대리석 층계는 얼마나 많은 사람들이 왕래를 했는지 바닥이 움푹 패인 채 반들반들 윤이 나 있었다.

지구의 배꼽 델피에서

간밤에 식사를 마친 회원들은 한 방에 모여 그리스에서의 첫날을 기념하는 촛불 축제를 벌였다. 단합대회를 하면서 춘천의 K 평론가와 J 수필가가 너무 굳은 얼굴로 여행을 하니 분위기를 바꿔보자고 모의를 했다. 그 때문인지 델피로 가는 버스 안에서 S 씨는 벌써 재치 있는 사회로 두 분께 길 장가를 들이기로 했다는 연설을 하였다. 상대는 연세 많으신 여교수 Y 선생님과 H 선생님인데 그 때문인지 버스 안은 당장 화기애애해졌다.

한 시간쯤 달렸을까? 모처럼 큰 강을 만났는데 이름은 마라톤 호수라고 했다. 그리스 시골 마을 리바디아에 있는 파르나소스산에는 만년설이 덮여 있어 아라호바라는 도시로 흘러내리는데 강 언덕에 빨간 꽃들이 수없이 많이 일렁이고 있었다. 자세히 보니 개양귀비였다. 그 꽃이 너무 예뻐서 버스를 잠깐 세우고 우리들

은 심호흡을 하며 사진도 찍고 어린애들처럼 좋아했는데 어느새 S 씨는 들꽃으로 부케를 만들어 K, J 선생님께 드리며 신부에게 꽃다발을 전해주라고 명령했다. 버스에 올라온 두 분의 신랑은 정식으로 신부에게 꽃다발을 전해주자 일행은 또다시 박수갈채를 쏟아냈다.

우리는 도중에 아름다운 카페 발코니에 앉아 모처럼 느긋하게 아이스크림을 먹으며 여유를 부렸다. 여행의 즐거움은 바로 노상에서 맞는 한유함이리라. 그곳에서 다시 2시간이나 달려가 만난 곳은 파르나소스산에 있는 델피 언덕이었다. 그 초입에는 기원전 400년 건축했다는 장엄한 성역 아폴로 신전과 신탁소가 있었다. 옴파로스라고 하는 원뿔 모양의 신탁 바위를 지구의 배꼽(제우스가 사랑하는 독수리를 날려 보냈더니 두 마리가 부딪혀 만난 곳)이라 하여 고대 그리스인들은 델피를 세계의 중심지라고 믿었다. 그 시대 때는 누구든 성소에 가서 신으로부터 자신의 미래를 예언 받고자 했는데 트로이 전쟁, 살라미스 전쟁에서의 승리를 모두 델피에서 신탁 받았다고 한다.

아폴론 신전 현판에는 "너 자신을 알라"는 소크라테스의 말이 그리스어로 크게 조각되어 있었다. 14세기경에 꽃피었던 르네상

델피의 아폴로 신전

스는 로마의 몰락과 함께 시들어 갔지만 그리스 전성기에는 그곳에서 모든 상거래가 가능했던 시장이다. 음악과 연극을 관람할 수 있는 대단위 야외 음악당, 석축 밑 자연 복도를 오가며 스토아학파들이 철학과 사상을 나누고 그 돌 위에다 내용을 적어 지식을 전달했던 최초의 도서관이 흥미로웠다.

소크라테스와 소피스트들, 플라톤의 수제자 아리스토텔레스의 학문적 성과가 이런 기록에서부터 시작되었다는 것은 퍽 인상적이었다. 기록의 힘은 위대하지 않는가. 한산대첩을 승리로 이끈 이순신 장군의 난중일기가 없었다면 그는 명장으로 후세에 남지 못했을 것이다. 산 정상에는 평평한 평지로 운동을 할 수 있는 경기장이 아직도 남아 있다. 당시 델피는 6,000명을 수용하여 올림픽 경기를 가질 만큼 화려했다.

그 언덕에도 눈부셨던 고대의 영화가 전쟁으로 폐허가 된 채 남아 있다. 그 상처를 잊은 듯 화려한 꽃들이 얼굴을 내밀고 발길을 잡았다. 나는 꽃들을 수첩 갈피에 하나하나 채집하고 다녔는데 우리는 그리로 오르는 중턱 야외 음악당에서 또 아리랑을 불러 외국인 관광객들에게 박수갈채를 받았다. 일행 모두 시인과 수필가들이어서 영혼이 통하는 사람들이라 똘똘 뭉칠 수 있었다. 아폴론 신전에는 세계 최대 규모를 자랑하던 109개의 돌기둥이 있었지만 지금은 모두 파괴되고 몇 개 남아 있지 않았다. 네로 황제는 500개의 석상을 가져다가 자신의 집을 꾸몄다니 맞는 말일까?

아카데미의 플라톤상

우리는 델피에 있는 박물관도 잠시 돌아보았다. 시칠리아 사람이 말을 타는 경기에서 1등상을 받았던 청동 부마상, BC 5세기에 보물로 바쳤던 황소, 아폴론의 어인이 리라를 타고 있는 그림접시, 로마시대의 남성미를 상징하고 있는 안디노스상들이 소장되어 있다. 그리스 조각품들은 간다라 미술의 영향을 받아서인지 주름진 옷들과 황금 분할한 인간의 나체상, 근육들이 섬세하게 표현되어 있고 신화에 나오는 신들과 영웅들도 도자기에 아름답게 그려져 있었다. 그들의 신들은 권력을 가진 위엄있는 모습보다 인간과 신을 융합한 대체로 온화한 모습들이었다.

그리스 아카데미

아프로디테가 살았던 고린도

지구상 어디를 가도 나그네가 쉴 사창가가 있었으니 조물주는 왜 심술궂게 남녀 자웅동체를 갈라놓았을까? 고대에도 남창과 여창이 있었다는 말에 귀가 솔깃했다. 어디를 가든지 서로가 짝을 찾아 헤매게 했으니 말이다. 아테네 시가지로 나오면 올림픽 경기장, 보수 중인 제우스 신전, 리카비토스 언덕을 바라보며 신타그마 광장으로 나오게 된다. 플라톤이 세웠다는 아카데미 학당, 국립도서관, 아테네대학 본관을 차례로 지나 오모니아 광장 중심지로 나오니 파키스탄의 노동자들이 서성거리는 모습, 시민들이 활동하는 모습을 볼 수 있었다.

에게해가 내려다보이는 해안도로 왼쪽으로는 수평선의 푸른 바다가 망망하게 내려다보이고 오른쪽으로는 유럽의 전형적인 집들과 올리브나무들이 끝도 없이 펼쳐져 있다. 우리는 석양빛을 받으며 두 시간 가까이 테이프에서 흘러나오는 음악 '조르바'를 들으며 고린도로 향했다. 고린도는 바울이 전도 사업을 펼쳤던 곳으로 성경에 나오는 곳과 같은 지역인데 박물관 안뜰에는 목이 잘려 나간 조각상들이 흉물스럽게 전시되어 있었다. 기독교인들이 유태인 박해 때 행한 악랄한 짓이고 보면 종교적 대립에서 오는 무익한 싸움이 얼마나 바보짓인지를 역력히 느낄 수 있다.

고린도의 아폴로 신전

박물관에는 기원전 5세기에 조성된 투구, 로마의 초기 황제였던 옥타비아누스, 기독교를 심하게 박해해 악정으로 소문난 네로 황제, 고통스런 삶을 위해 만든 술의 신 디오니소스, 행운의 럭키 여신, 평생 동안 간질병에 시달리다 자식도 없이 암살당했던 카이사르(율리우스 시저) 등의 조각품들이 진열되어 있다.

고대 고린도는 60만 명을 수용했던 상업 도시였다. 항구가 2개 있어서 해상 교통의 요충지였는데 외지에서 배가 들어오면 1,000여 명의 여인들이 손님을 맞으러 마중 나와 몸을 파는 사창가가 되곤 했다. 그걸 상징하기 위해 모자를 눌러쓴 모습의 산 정상 아크로폴리스 위에 아프로디테(비너스) 신상 1,000개를 만들어 놓았다고 한다. 그 미녀들은 당시 창녀들을 상징했으니 고린도가

고린도의 시시포스산

얼마나 퇴폐적이고 타락했던 도시였는지 알 수 있다.

기원 6, 7세기에는 델피에 지어졌던 아폴론 신전에 남창들이 기거했다는 아고라 시장도 있다. 그곳은 당시 정치, 철학, 물물교환 등이 이루어졌던 삶의 집합장이었다. 그 지역은 페르시아족과 슬라브족의 침략을 받기도 하였는데 아크로폴리스와 아고라를 중심으로 도로가 나 있었으나 지금은 지진으로 폐허가 되어 버렸다.

고린도에서 1년 6개월 동안 복음을 전파하며 유태인을 기독교로 전향하려 했던 사도 바울은 이곳 연단에 나가 재판을 받았다는데 우리는 몇천 년 세월의 화려했던 고대 해안 도시를 상상하며 수만 평의 채석장을 둘러보았다. 인간은 먹고사는 문제가 해결되고 물질이 넘쳐나면 타락의 길로 들어서게 마련인가 보다. 그걸 신은 또 용납하지 않아서 지진으로 하늘과 땅을 뒤집어 놓는 게 아닐까 싶다. 4각 기둥 같은 돌들이 널려 있는 들판에는 수줍은 얼굴을 내민 들꽃이 앙증맞게 피어 있었다. '500년 도읍

고린도 운하

지를 필마로 돌아드니 산천은 의구하되 인걸은 간곳없네…' 라는 길재의 시조가 문득 떠올랐다.

아테네로 돌아오는 길에 우리는 잠깐 노상에서 쉬어 가기로 했다. 마트에서 음료를 사 마시며 파나마 운하, 스웨즈 운하와 함께 세계 3대 운하의 하나인 고린도 운하를 보았다. 1882년에 시작하여 12년 만에 완성되었다는 그 운하는 이오니아해와 에게해를 연결하는 곳으로 그리스와 이탈리아를 연결하는 석벽 아래 바닷물이 흘러들고 있다. 인간의 힘이 무섭다는 것을 그럴 때 다시 확인하게 된다.

시내로 들어와서는 국회의사당 앞에서 군인들의 교대식을 보았다. 하얀 블라우스에 멜빵바지를 입고 '어깨총' 하면서 두 쌍이 마주보고 다리를 번쩍번쩍 들어가며 행진하는 모습이 퍽 재미있었다. 그 광장의 시민들과 섞여 비둘기에게 밥을 주며 하루의 피로를 풀었다.

교대식

에기나섬에서 수니온곶으로

그리스에서는 부활절 동안 양고기를 먹는다. 나는 고기보다 과일이 풍성한 식탁에 더 호감이 갔다. 점심 식사를 마치고 버스는 가파른 협곡을 지그재그로 올라가 높은 산등성이에서 멎었다. 맞은편 언덕으로 아라호바 마을 중심가의 집들이 아스라이 내다보였다. 붉은 지붕에 흰 벽을 이룬 비잔틴 양식의 주택들은 초록 언덕에 둘러싸여 꿈속처럼 아련하게 보였다.

해변으로 나가려면 꼭 통과해야 할 중심 도로가 있다. 우리는 아테네에서 에기나섬으로 가기 위해 바다의 관문인 피레우스 항구에 도착했다. 에기나섬은 BC 7세기경에 아테네와 라이벌을 이룰 만큼 막강한 힘을 가졌던 도시인데 지금은 상주인구보다 별장 인구가 더 많은 곳이다. 에게해의 섬은 습도가 없어 샤워를 하지 않아도 되고 바다 냄새가 없어 휴양지로도 적격이다.

우리는 페리호를 타고 2층 선상에 올라가 모처럼 여럿이 화음

피레우스 항구

을 맞춰가며 노래를 불렀다. 갈매기가 날아들고 시원한 바닷바람을 맞는 분위기는 낭만을 불러일으키기 충분했다. 그렇게 한 시간 반 가까이 배를 타고 에기나섬에 들어가니 입구 한 옆에 성당이 보이고 관광객을 실어 나르는 마차들이 손님 맞을 준비를 하고 있었다. 그곳에서 자유시간이 주어지자 나는 별장, 성당, 그리스 정교회들이 서 있는 주변을 한 바퀴 돌고 나서 파란 잔디 위를 느긋하게 걸어 다녔다. 어딘가에 아페아 신전이 있다고 들었는데 찾을 수는 없고 휴양차 섬을 찾아온 사람들의 상기된 얼굴만 만날 수 있었다. 그 섬엔 자동판매기, 백화점, 골목길, 고층건물 같은 것은 볼 수 없고 찻집에도 여종업원이 없을 정도로 원칙적인 삶만 고집한단다. 최대한 문명을 거부한 자연적인 집합소를 만들려고 별렀던 모양이다.

내 영혼이 행복했던 수니온곶

에기나섬에서 버스를 타고 아테네 교외의 남동쪽으로 2시간 달려가면 수니온곶이 보인다. 질리도록 파란 에게해 경관에 넋이 빠진 우리는 모두 숨을 죽이고 바다를 바라보았다. 허물어진 포세이돈 신전이 보이는 낮은 산등성이에서 깎아지른 절벽을 보니 수평선이 아득하다. 발칸반도의 끝부분이라고 하는 그곳의 물빛은 형언하기 어려운 남색인데 능선에는 이름 모를 들꽃이 지천으로 피어 있었다. 영국의 낭만파 시인 바이런은 그곳에서 바위 석상에 누워 영원히 살고 싶다고 노래했다.

> 길 없는 숲에 기쁨이 있다
> 외로운 바닷가에 황홀이 있다
> 아무도 침범치 않는 곳
> 깊은 바다 곁, 그 음악의 함성에 사귐이 있다. (생략)

수니온곶은 고대로부터 군사 강화 지역이었다. 기원전 490년 페르시아의 다리우스가 대병력을 이끌고 아테네를 공격하기 위해 수니온 근해에 정박하였는데 오히려 역으로 공격을 받아 패하게 된다. 그들은 다시 수니온곶을 돌아 재상륙을 노렸지만 성공이 어렵다는 판단을 하고 회향하는 것을 보자 상부에 보고하기 위해 전령 한 사람이 35km가 넘는 거리를 달려가서 "우리가 승리했다"고 부르짖고는 그 자리에 쓰러져서 죽고 말았다. 그런 사고로 마라톤 전쟁이라고 부른다. 그래도 페르시아군은 결코 포기하지 않았다. 그리스 제1의 군사력을 지닌 에기나섬과 충돌이 잦아지

포세이돈 신전

면서 호시탐탐 침략을 노렸지만 기원전 살라미스 해전에서 마침내 그리스에 완전히 패하고 말았다.

이후 그리스 도시국가들은 델로스 동맹을 맺으면서 평화를 찾는 듯했으나 30년간 펠로폰네소스 전쟁으로 내란을 치르면서 국력을 소모시켰다. 그 시기에 이웃 도시국가 마케도니아 왕 필립 2세는 그리스를 연합시키고 페르시아를 쳐부수려 하다가 암살당한다. 아리스토텔레스에게 교육을 받았던 알렉산드로스는 아버지의 유지를 받들어 2년여에 걸쳐 그리스를 통일시킨 뒤 동방 정벌에 나섰다. 그때 정복했던 수많은 나라들의 역사와 문화가 화려한 꽃을 피웠던 시대로부터 로마의 초대 황제 아우구스투스가 이집트를 속주로 만든 시기까지 대략 300년을 후세 사람들은 헬레니즘 문화라고 한다.

알렉산드로스가 죽자 대제국은 마케도니아, 시리아, 이집트 3국으로 나뉘면서 쇠퇴한다. 한편 로마는 콘스탄틴 대제가 지금의 비잔티움(현재의 터키 이스탄불)을 수도로 삼고 콘스탄티노플로 이름을 바꾼다. 그 후 서로마는 100년 뒤 멸망하고 동로마는 터키, 그리스 이집트 등 다양한 문화를 받아들여 1000년 동안 유지되다가 오스만 터키에 함락된다.

돌아오는 길에는 에게해의 시원한 경치와 조르바의 산투리 음악을 들으면서 마음이 편안했다. 마침내 우리들에게는 최상의 기쁨을 누릴 수 있는 시간이 찾아왔다. 바다가 보이는 전망 좋은 카페에서 행복한 식사 시간을 가질 수 있었기 때문이다.

제라늄이 창가에 무리 지어 피어 있고 멀리 짙푸른 바다가 펼쳐진 경치 좋은 창 옆에서 그리스의 전통음식 '무사까'를 먹는 기분은 공주병에라도 걸린 기분이었다. 더욱 K 평론가님은 길장가를 든 덕분에 행복했었다며 우리들에게 와인을 사서 돌렸으므로 일행 모두는 축배의 잔을 높이 들었다. 무사까는 우리나라 뚝배기 같은 그릇에 나온 야채 고기찜인데 느끼하다고 모두 남겼건만 나는 다 먹어야 되는 줄 알고 곤혹을 치렀다. 식욕이 왕성한 건지 미련한 건지…, 오늘과 같은 날들만 주어진다면 삶이 왜 구차하다고 느끼랴. 행운의 여신이 늘 우리들과 함께하길 바라며 서로의 행복을 빌어 주었다.

3

터키

수천 년 전의 고대도시 에베소

문우들과 함께 다녀왔던 길을 6년 뒤 동생들과 어머니를 모시고 또다시 다녀왔다. 갔던 여행지를 반복해 찾는다는 것은 호기심을 접어야 하는 일이지만 어머니와 동생들을 위해 내가 양보할 마음이었다. 어머니는 평생 서구 문명을 체험할 기회가 없었다. 카파도키아의 버섯계곡이나, 파묵칼레와 같은 신비한 자연환경들, 회교국의 사원들을 보여드리면 얼마나 좋아하실까 상상하니 오히려 내 가슴이 뛰었다.

90을 바라보는 노모의 보호자가 된 우리 자매들은 여객기 안에서 어머니가 누워 가실 수 있도록 자리를 만들어드리고 버스로 이동할 때도 뒷좌석을 양보 받아 쉬어 가도록 배려해 드렸다. 8박 9일의 중장기 여행 동안 어머니는 피로감 없이 잘 다니셨는데 열기구를 타야 할지 걱정을 하자 "애들아, 여기까지 와서 그것도 못 타 보면 후회한단다"며 앞장을 서셨다. 그뿐 아니라 고

고대도시 에베소의 전경

대 도시의 흔적이 널브러진 에베소를 돌아보며 신기해하시던 모습이 아직도 잊히지 않는다.

에베소는 이즈미르에서 남쪽으로 70km 떨어져 있는 고대도시다. '대지의 여신이 사는 도시'란 뜻으로 아르자와 왕국의 '에페수스'란 도시 이름에서 유래되었는데 고대 7대 불가사의 하나인 아르테미스 신전이 있었던 곳이다.

훗날 알렉산더대왕의 12장군 중 하나였던 리시마코스는 그곳을 통치하면서 아내 이름을 따 아르시노에르라 하고 남서쪽으로 항구도시를 만들었지만 주민들이 옮기려 하지 않자 하수구를 막고 강제 이주를 시킨 뒤 에베소라고 이름을 붙였다. 현재 남아 있는 도시는 로마의 초대 왕 아우구스투스 때 세워진 것들이다. 그 도시는 지진으로 큰 피해를 입었지만 아시아 전역에서는 가장

청소년 금지구역 표시

아르테미스상

중요한 역할을 했던 무역항구다. 에베소는 코트 족의 침입으로 또다시 황폐화되고 신전이 파괴되면서 5세기경에는 완전히 버려진 땅이 되었다.

엎치락뒤치락 흥망성쇠의 길을 걸었던 그 항구가 몰락할 수밖에 없었던 가장 큰 원인은 무분별한 산림벌채였고 습지에 병원균이 퍼지면서 질병을 몰아오자 도시가 폐수와 폐사로 넘치면서 항구를 메워 버렸다. 또 서쪽의 민더 강이 수천 년을 거치면서 말라버렸기 때문이다. 이곳은 한때 바울과 요한이 일궜던 기독교 숭배 장소들이 아랍의 침입에 의해 파괴되었는데 훗날 부서진 건축자재들을 모스크 건설에 이용하면서 채석장으로 변하게 되있다. 그 로마 시대의 몇십만 명 인구가 북적거렸을 아시아 최대 도시를 우리는 상상하며 걸을 수밖에 없었다.

과거의 역사 속에서 이오니아인들이 얼마나 화려한 생활을 누렸는지 비록 전쟁과 지진으로 영화와 패망을 번갈아 했던 폐허의 땅이지만 그 위에 다시 도시를 건설하면서 여신 아르테미스가 살았던 AD 17년경에는 종교와 철학이 발전하고 동서 교역의 중심지가 되었던 번화가였음을 알 수 있었다. 에베소는 셀죽 시대, 즉 오스만 이전에 있던 시대로 헬레니즘의 영향을 받아 도시 정중앙으로 도로가 나 있었다. 시민들이 상권을 이루었던 아고라(시장)와 목욕탕, 선거유세를 했던 광장, 이오니아 양식의 포럼, 정원의 규모가 고스란히 남아 있다.

에베소 거리

우리는 지구의 반 바퀴를 휙 돌아 고대 도시의 거리를 활보하면서 로마 시대 때 특권층이 이용했다던 소극장, 수만 명이 들어갈 수 있는 오데온 대극장, 원형 경기장, 두란노 서원, 수학학원, 천여 명을 수용할 수 있는 호화로운 목욕탕(찜질방), 휴게실, 탈의실, 마사지실까지 갖춘 퇴폐의 온상을 눈여겨보았다. 또 "예수 그리스도는 하느님의 아들 우리의 구세주"라는 암호와 기독교인들이 황제의 명을 따르지 않아 많은 박해를 받았다는 수천 년 전의 문화와 뱀 조각상, 금으로 만든 삼발 솥단지, 병원과 관공서들이 있던 번화가를 산책하면서 천천히 둘러보았다.

처음 이곳을 여행했을 때는 대리석 조각들이 아무렇게나 널려 있어서 채석장 같았는데 6년 동안 많은 돌들을 맞추어서 도시 규모를 어느 정도 짐작할 수 있었다. 말이나 마차 이외엔 다닐 수 없었던 도로, 신전을 지키는 사제들의 거리를 조금 더 내려가

에베소 크레테스 거리

면 트라잔 황제의 분수대가 보이고 도시계획에 의해 들어섰던 주택들도 보인다. 바닥에는 프레스코화로 모자이크한 유방이 24개나 되는 아르테미스 신상이 새겨져 있다. 그 신전은 파르테논 신전보다 두 배 반이나 더 커서 당시 백만 명이 모여 신을 위해 축제를 벌였던 곳이다.

또 메두사의 얼굴을 한 하드리안 황제의 신전도 있고 아테나 신을 저주하는 금발의 머릿결을 한 뱀, 2세기경에 지어진 켈수스 도서관도 있다. 쥴리우스 이퀼라가 아시아주 총독으로 에베소에 부임했다가 죽은 그의 아버지 켈수스를 위해 지은 도서관이다. 지금도 이 건물은 당시의 모습이 가장 많이 남아있는데 로마제국 시절에는 만 이천여 권의 책을 보관할 수 있었던 곳이다.

더 재미있는 것은 의자처럼 길게 앉을 수 있는 유료 화장실이다. 디귿 자로 막힌 돌판 위에 발바닥 모양의 구멍이 나 있는 수세식은 상부로 갈수록 지위가 높은 사람이 썼다고 한다. 우리는 그 당시의 화장실을 상상하며 배설하는 흉내를 내 보았지만 구멍이 작아서 조준을 맞추기 힘들었을 것이라고 상상하며 웃었다. 도서관 앞에는 사람이 많이 모일 수 있는 시장과 유곽의 흔적도

캘수스도서관에서 일행들과

보인다. 청소년 금지구역 포스터에는 돈, 하트 모양, 여인, 새들이 그려져 있고 발의 크기로 성인을 구별했는지 발도 그려져 있다. 인간의 본능을 해소할 돌파구는 태초에도 존재했으니 그 옛날이라고 제외될 수 있었으랴.

아무튼 에베소에는 파르테논 신전보다 더 큰 신전들이 129개나 있을 만큼 세계적인 도시였다. 그곳이 페르시아 전쟁으로 모두 부서졌고 흩어진 건축물 주변에는 세월의 상흔을 마다한 잡풀과 야생 꽃들이 가득 피어 있었다. 그중 가장 아름다운 꽃은 이스라엘 갈매산에서 핀다는 백합화 샤론꽃(아네모네)과 노란 겨자나무 꽃(유채)이었다. 얼마나 허무한지, 그 화려하고 번창했던 도시가 수많은 세월을 거치며 부서진 대리석 조각으로 남았으니 인생무상이 따로 없었다.

오스만 투르크와 터키 공화국

기원전 3~4세기경 흉노는 중국 북방 투르크 부족들의 연합국이었다. 그 제국이 확대되자 서유럽의 게르만 민족은 대이동을 시작했다. 흉노에 이어 돌궐은 최초로 'Türk(튀르크)'라는 명칭을 사용했는데 돌궐 이후 위구르를 거쳐 중앙아시아에는 3개의 이슬람 계 투르크 국가들이 서로 경쟁을 하며 전쟁을 일으켰다. 그중 승리한 셀주크는 이란 지역과 지중해까지 세력을 확대시켜 나갔다. 그러다 중앙아시아를 넘어 당시 비잔틴의 세력 하에 있던 아나톨리아까지 이동한 후 비잔틴의 군대와 격돌하여 대승을 하게 된다. 1, 2차에 걸쳐 이루어진 십자군 전쟁에서도 승리를 했으나 동쪽의 몽골에 패해 어이없게도 역사 속으로 사라졌다.

셀주크가 아나톨리아에서 지배력을 상실한 후, 그 지역에는 투르크계 국가가 12개나 등장했다. 그중 오스만 투르크는 터키계 부족국가 중 하나였는데 계속해서 영토를 확장시켜 나가며 허약

해진 비잔틴을 위협하였고, 마침내 1453년 오스만 투르크의 메흐메트 2세가 비잔틴의 수도 콘스탄티노플(지금의 이스탄불)을 함락시킨다. 그 후 오스만 투르크는 영토 확장에 박차를 가하여 헝가리와 보스니아, 크림반도까지, 아시아로는 이란을 지나 아프간 지역까지, 북아프리카에는 알제리, 튀니지에 이르기까지 대제국을 형성한다. 그리고 이집트와 아라비아 반도를 정복한 후 오스만 투르크의 술탄은 이슬람 세계의 종주국이 된다.

오스만 투르크의 콘스탄티노플 함락

그러나 무한정 커져 갈 것만 같던 오스만 투르크도 1690년대에 들어서면서 쇠퇴의 길을 걷다가 유럽 열강들에 의해 차츰 영토를 잃게 되었다. 제1차 세계 대전에서 패한 오스만은 1918년 연합국과 협정을 체결, 분할 통치에 들어가나 터키인들의 저항으로 독립운동을 부르짖게 되는데 이때 등장한 인물이 1923년 10월 29일 터키 공화국의 초대 대통령이 된 무스타파 케말이다.

터키는 고원시대임으로 동쪽으로 갈수록 높은 지대가 이어지고 토질 자체가 석회암으로 되어 있어서 식물이 잘 자라지 못했다. 여기에 잘 견디는 식물이 양귀비다. 그래서인지 가는 곳마다 들양귀비가 잔잔한 눈웃음을 흘리며 맞아 주었다. 터키에는 정말 아편이라는 지역이 있다는데 영국과 중국 간에 치렀던 아편전쟁의 영화가 떠올라 섬찟했다. 비참하게도 전쟁에 패한 중국은 그 대가로 홍콩을 영국에게 넘겨주게 되는데 야생 양귀비에는 독성이 없다고 하는 게 정말 맞는 말인지 아리송했다.

사데교회

빌라델비아와 사데교회

소아시아에는 사도 바울이 세 차례에 걸쳐 전도 여행을 떠난 곳이 있는데 기독교 초기 7대 교회가 세워졌던 곳들이 여러 곳 있다. 그 성지는 에베소, 서머나, 버가모, 두아디라, 사데, 빌라델비아, 라오디게아이다. 우리는 로마시대의 역사를 가진 그 성지로 가기 위해 버스를 다고 한 시간 정도 이동했다. 작은 도시 주택 한가운데 세워져 있던 이 교회는 폐허가 된 채 그 잔상만 남아 있다. 그러나 아탈로스와 유메네스의 형제애에 대한 이야기는 요한계시록 3장에도 기록되어 있다. 그들은 형이 외국엘 나가면 동생이 형의 대를 이어 도시를 재건하고 교회를 돌보았으므로 우애가 좋은 형제라는 뜻의 '빌라델비아'라는 도시 이름을 지었다.

적의 방어로 요새 역할을 했던 이 교회는 6세기 사도 요한을 추종했던 교회이기도 하다. 주변엔 부서진 대리석 자재들이 널브러져 있어서 얼핏 보기에도 교회가 있었으리라고는 믿기 어렵다. 그러나 물, 곡창지대, 도로가 갖추어지면 도시가 생기게 되어서 그곳도 그리스로 가는 길목에 도시를 만들 수 있었다.

아타투르크의 동상

우리는 그 옆 가게에서 화덕에서 구워내는 빵을 바라보다가 결국 맛을 보기로 했다. 이름이 '스밋'이라고 하는데 도넛 모양의 큰 원을 부풀린 빵이 담백했다. 몇 쪽 나누어 먹고는 그곳에서 다시 오스만 제국의 황제들과 아타투르크의 동상을 새긴 탑, 그리고 분수대를 지나 포도재배 지역을 지났다. 먼 산에는 하얗게 쌓인 눈이 보였는데 터키는 아직 이른 봄인가 보다. 가로수로 아카시아가 꽃이 피어 있고 평평한 벌판에는 미루나무가 서 있었다.

사데는 사르디스라는 곳의 이름인데 리디아 왕이 살던 곳으로 AD 14세기~6세기까지는 교회당, 체육관으로 이용되었던 곳이다. 터키 역사의 연대로 보아 리디아 -> 페르시아 -> 알렉산드리아 -> 헬레니즘 -> 로마로 이어져서 사데는 가장 오래된 기독교 역사의 유물임을 알 수 있다. 사데교회는 세계에서 최초로 동전을 만들어 부를 누리기도 했다. 그곳에서 우리는 재래시장처럼 상점들이 다닥다닥 붙어 있는 골목을 구경하였다. 가게에는 실크 머플러와 면사로 짠 레이스 뜨게 옷, 파란색 나자르본주 일명 악마의 크고 작은 눈들이 곳곳에 줄줄이 널려 있었다. 인간이 경작하게 된 가장 오래된 식물은 포도라는데 포도주가 맛이 있다고 하여 나는 기념으로 한 세트를 구입했다.

하얀 국화의 성 파묵칼레

점심을 먹고 파묵칼레로 가는 도중 과일가게에 들러 양귀비가 가장 좋아했다는 '여지'를 사 먹고 터키에서 유명하다는 쫀득쫀득한 '곤드르마'란 아이스크림 맛도 보았다. 능선과 평야로 이어진 도로를 3~4시간 달리다 보니 멀리 눈 덮인 산들이 간간히 눈에 띄었다. 집도 보이지 않는 길가엔 검은 얼룩 황소 떼, 염소 떼, 양떼들이 목동에 이끌려 무리 지어 가고 있다. 5월인데도 우리나라 3월과 같은 기후다. 그렇게 얼마를 달리다 도착한 곳이 데니즐리주에 위치한 온천이었다. 기원 3세기에 있었던 라오디게아라는 지역(예전엔 히에라폴리스라고 함)이다. 면공업과 의약제조업이 발달되어 있는 그곳은 산등성이에 하얗게 눈이 덮여 있는 듯 석회석이 흘러 내려 굳어진 모습이 아름다웠다.

온천으로 들어가다 보면 석관이 줄을 잇고 있는 공동묘지가 나타난다. 아니 왜 이런 곳에 공동묘지가 있을까 생각했는데 일리

파묵칼레

가 있었다. 로마시대 때는 치료와 휴식을 위해 황제와 귀족들이 즐겨 찾던 온천이어서 치료차 찾아왔던 환자들이 돌아가지 못하고 죽자 자연스럽게 공동묘지가 되어버린 것이다. 아시아인의 묘지는 우리의 것과 비슷한 봉분이고 그리스 사람의 묘지는 집 모양의 석관, 로마 시대 때의 것은 납작하게 생긴 네모난 돌이다. 왠지 심리적으로 그렇게 느껴서인지 음산한 분위기가 맴돌고 있었다.

터키인들은 그곳에 하데스(죽음의 신)가 산다고 믿었다. 로마는 그곳을 정복한 뒤 '성스러운 도시'라는 뜻으로 히에라폴리스라고 지었는데 페르가몬 왕국의 텔레포스 왕이 부인을 위해 그의 이름을 '히에라'로 바꿨다. 로마 사람들은 대개 휴양지에다 볼거리 즐길 거리를 만들었는데 그곳에도 대형 원형극장과 신전, 박물관, 온천장이 있었으나 지진으로 없어지고 부서진 돌, 동전, 목걸이 등 유물들만 전시되어 있었다.

하얀 국화꽃 파묵칼레는 1988년이 되어서야 유네스코로 지정되었다. 마치 흰 소금이 녹아 붙어 있는 듯 언덕에서부터 석회질이 흘러서 굳으며 온통 하얀 세상을 만들고 있었다. 어떻게 보면 다랑이 논처럼 우물진 바닥이 옥색으로 보이기도 한다. 멀리서 보면 그 지대가 온통 하얀 구름이 뭉글뭉글 몰려있는 듯하여 국화꽃과 같다고 했나 보다. 예전에는 주름진 능선에 야외 온천장도 있었으나 지금은 관광객이 들어갈 수 있는 구역이 따로 있었다. 우리는 양말을 벗고 뜨거운 물이 철철 넘쳐흐르는 곳으로 들어가 서성거리며 발의 피로를 풀었다.

어머니는 신기한지 나올 생각이 없으신 듯했다. 패키지 여행은 단체가 움직여서 개인 활동이 규제되는 게 흠이다. 마침 그곳 호텔에서 1박을 하게 되어 있어서 우리는 얼른 짐을 풀고 형제들과 야외 온천욕을 즐겼다. 유황 온천탕은 지저분해 보였지만 세계 각지에서 몰려든 관광객들이 붉은 진흙물 밖으로 빼꼼이 얼굴을 내놓은 모습이 꼭 물오리들 같아 보였다. 우리도 합류하여 온천욕을 즐기다가 35도의 따뜻한 물이 폭포처럼 떨어지는 곳에서 수영복 차림으로 노천욕을 즐기기도 했다. 개런티를 받는 카메라맨이 어정대기에 즐겁게 포즈를 취해 주었지만 상거래만은 '노우'라고 손사래를 흔들며 강력하게 외치기도 했다. 더 재미있는 것은 그 온천물 속에 '닥터피시'라는 고기가 산다니 놀랄 일이다.

갑바도기아로 가는 길

아침 식사를 하기 위해 호텔 식당으로 들어서니 세계 각지에서 쏟아져 들어온 관광객 200여 명이 술렁거린다. 터키 음식은 야채가 주종을 이루는데 우리나라 음식 재료와 비슷하여 가지나 호박, 양배추 등 야채볶음이 많다. 그중에서 가장 유명한 것은 전통음식 케밥이다. '돌마'는 야채 안에 밥을 넣은 것인데 케밥은 불에 구운 음식으로 유목문화에서 유래된 것이라고 한다. 도네르 케밥은 고기를 꼬챙이에 꿰어 돌리면서 불에 굽기 때문에 담백한 맛이 일품이다. 그것을 요구르트+올리브+마늘 다진 것+소금+고춧가루를 섞어 저즙을 만들어 찍어 먹으면 기가 막힌다.

세계 굴지의 올리브 생산국이라서 그런지 그리스나 터키는 식사 때마다 올리브 열매를 빠짐없이 올리는데 올리브유는 불에 과열하면 좋지 않고 드레싱이나 소스를 만들어 먹는 것이 좋다고 한다. 터키는 무화과도 세계 2번째이고 피스타치오, 땅콩, 헤이즐

터키 음식점

갑바도기아

넛, 석류도 많이 난다고 했다. 육식을 좋아하지 않는 나는 양고기나 칠면조, 베이컨, 햄 같은 것에는 손이 잘 가지 않는 편이다. 그래도 조식에는 빵과 과일, 계란이 풍성하여 든든히 먹을 수 있었다.

터키에 가면 상점마다 파란 악마의 눈을 볼 수 있다. 나자르본주우라고 '나자르'는 본다는 뜻이고 '본주우'는 구슬이라는데 목거리 귀거리 팔찌 열쇠고리 등 크고 작은 유리 눈이 천지에 널려 있었다. 나자르본주우는 터키의 부적으로 악마의 눈이 재앙을 물리쳐 준다는 의미가 있단다. 이집트에는 호루스 눈, 인도에 붓다 눈. 무엇을 본다는 것은 무서운 일임에 틀림없다. 터키인들의 춤은 '쉐마'라고 하여 이집트에서 본 수피 춤과 비슷하다. 이슬람교에서 온 신비주의라고 일컫는 수피즘은 금욕과 고행을 일삼는 종교적 성향에다 그리스 사상과 각 종교적인 신비주의까지 결합하여 발전한 것으로 하얀 의상의 치마를 입은 남자들이 한쪽 방향으로

갑바도기아

계속해서 돌게 된다. 그 몽롱한 기분이 극치를 이룰 때면 도를 통할 수 있다고 믿었나 보다.

우리 일행 중 한 사람은 음악에 관심이 많아서 가는 곳마다 그 나라 테이프를 구입했는데 터키의 곡은 대체로 이집트와 비슷한 느낌을 주었다. 정열적이고 호소적이며 간절한 애원의 목소리가 남긴 음에 종교적 주술의 힘이 묻어 있다고 할까? 뭐 그런 느낌이 드는 경쾌하고 빠른 템포의 곡들이 대부분이었다.

버섯처럼 생긴 계곡 갑바도기아로 가기 위해 우리는 비단길 실크로드를 달렸다. 아침부터 저녁까지 10시간 동안 진종일 버스를

갑바도기아 열기구

타고 달린 셈이다. 넓은 평원이 끝없이 펼쳐져 있는 사막지대의 땅들은 풀 한 포기 없이 삭막한 불모지다. 지평선을 향해 몇 시간을 달려가도 오가는 차들이 별로 눈에 띄지를 않는다. 나는 잠깐 존 듯했으나 눈을 떠보니 민틋한 언덕들이 사막처럼 망망하게 펼쳐져 있을 뿐이었다. 한참 달려가다 레바논 백향목, 삼나무밭을 지나게 되었다. 내구성이 강한 그 나무들은 전쟁을 치를 만큼 인기 있는 작목이라는데 올리브나무 역시 인간에게는 유익을 가져다준 나무임에 틀림없다.

우리는 얼마를 더 달려 꼰야에 도착했다. 5~10층의 아파트들이 늘어서 있는 번화한 거리에 히잡을 두른 남자들 모습이 보인다. 스프링쿨러가 돌아가고 있는 수만 평의 밭에는 무엇인가를 심어놓은 듯한데 푸른 잎은 전혀 보이지를 않는다. 가로수도 희끄무레한 빛을 보이고 있는 걸 보면 수분이 없는 땅이라 간신히 목숨만 부지하고 있는 듯하다. 터키는 끝없는 평원을 가진 나라지만 악토가 많다. 우리는 그 나라에 쓸모없이 버려진 땅들이 몹시 부러웠다. 한국 사람들 같았으면 무슨 수를 써서라도 황무지를 개간했을 텐데 무방비 상태로 놓아둔 것이 안타까웠다.

2차선 도로 옆에는 석회석으로 덮인 사막이 펼쳐져 있고 간간이 집과 집들이 몰려있는 것을 보니 유목민들의 떠돌이 삶을 이해할 수 있었다. 정착하지 못하고 떠돌아다녀야 하는 운명처럼 기구한 것이 또 있으랴. 오스만 제국의 마지막 왕자 오란은 대제국이 패망하자 7세가 되었을 때 프랑스로 쫓겨났다. 그는 커피 밭일, 농사일, 설거지 등 닥치는 대로 노동을 하면서 20대 중반까지 살았지만 고향으로 돌아가고 싶어도 갈 수가 없었다. 할 수 없이 이집트로 가서 택시기사 노릇을 하며 살았는데 자신이 왕자라는 사실을 알게 된 어느 기자가 그 사실을 신문에 보도하는 바람에 그는 또다시 프랑스로 떠나야 했다. 그러다가 70이 다 되어서야 이스탄불로 돌아갈 입국허가를 받았다.

그는 비행기에서 내리는 순간 고국의 땅에 눈물의 키스를 퍼부었다. 그리고 어릴 때 뛰어놀던 궁전과 별궁 등 보스포루스 해협을 돌아보고 프랑스로 돌아가 이스탄불로 떠나는 여행객들에게 무상으로 카푸치노를 대접하며 살다가 아무도 모르게 죽어갔다. 그 내용이 담긴 신문이 다음 날 대자보로 소개되자 "헛되고 헛되도다"라는 솔로몬의 말을 인용한 기사가 많은 독자들에게 눈물을 뿌리게 했었다. 조국을 잃은 설움을 가장 뼈아프게 느끼며 살 사람은 누구보다도 국민들이지만 그중에서도 왕족의 비참한 생활은 이루 말할 수 없을 것이다. 나라를 지키지 못한 죗값을 몇 배 치러야 하는 그들은 적에게 사살되지 않으면 쫓겨나게 되니 그것도 운명이라 말할 수 있을까.

데린쿠유와 괴레메 골짜기

버섯처럼 생긴 모래바위들이 수없이 나열된 요정의 나라! 끝이 보이지 않게 울퉁불퉁한 돌들이 바다처럼 널려있는 땅! 그 벌판에 도착한 우리들은 이상한 나라에 유괴되어 온 듯한 놀라움을 떨치지 못했다. 갑바도기아는 2,300m 되는 높은 산(핫산산)이 화산으로 폭발하면서 부드러운 재가 덮여 버섯 모양의 수많은 기둥을 만든 곳이다. 그 자연적인 지형이 신비스런 도시를 이루고 있는데 사람은 살 수가 없어서 교통 중심지에 대사들의 숙소만 있을 뿐이다. 그곳엔 기독교인들이 은둔 생활을 하기 위해 파 놓은 지하도시(데린쿠유)와 지상도시(우치히사르)가 있다. 3만 명이나 수용할 수 있는 대규모 지하 동굴은 7세기경 셀주크의 투르크인들이 쳐들어오자 기독교인들이 피난하여 살던 곳이다.

그중에서도 가장 오래되었다는 주거지역의 지하 입구로 들어가면 부엌, 거실, 창고, 회의실, 공동묘지, 교회, 회랑 등 모든 시설

터키 괴레메

이 갖추어져 있다. 포도주, 곡식 저장고, 말린 과일 저장고 등 곡식을 가는 맷돌들도 있어 사람이 살았던 흔적을 확연히 엿볼 수 있다. 물과 공기를 얻기 위해 수직으로 100m까지 내려간 공간들도 있는데 기독교인들은 지상에서 살다가 이민족이 쳐들어오면 그리로 피신을 해서 숨어 살았다. 지하층의 깊이는 55m로 8층까지 내려가게 되어 있어서 미로와 같은 개미집을 방불케 한다. 일반인들에게 공개된 그 구역은 총면적의 1/10도 안 되는데 잘못 들어갔다가는 귀신의 밥이 될 것만 같은 공포감도 느끼게 된다. 로마의 카타콤베가 죽은 사람의 주거공간이라면 데린쿠유는 산 사람들의 주거공간이었다.

지하도시에서 3km 떨어진 곳에는 바위로 된 지상의 도시 우츠히사르라는 비둘기 계곡이 있다. 얼른 보면 벌집 모양의 창이

데린쿠유

나 있는데 1,300m에 이르는 고지대에 위치한 이 지상의 도시들은 모두 기괴한 모양을 가지고 있다. 그곳은 오래전 바다가 융기하여 이루어진 곳에 화산이 터지면서 재들이 덮여 이상하고도 절묘한 바위들을 만들어 놓았다. 사람이 살았던 방에 올라가 밖을 내다보니 '젤베 골짜기'가 공룡의 나라같이 보인다.

우리는 개인이 살고 있는 어느 집을 구경하면서 커피도 마시고 신혼 방도 구경했다. 벽을 파 놓은 곳에 장식을 올려놓은 것이 재미있고 등산불을 켜고 사는지 램프도 보였다. 침실과 내빈을 맞아들이는 거실, 부엌도 갖춰져 있고 발코니까지 갖춘 모습이 마치 소꿉놀이를 하고 있는 듯하다. 우리는 그곳을 구경하고 점심으로 도네르 케밥을 먹었다. 닭고기를 돌리면서 익힌 것과 치즈 빵을 내 온 종업원들은 한국 사람들인 우리들에게 굉장히 친절했다. 그들은 카메라에 무척 관심이 많았는데 사진을 찍어준다고 하니 무척 좋아하였다. 괴레메엔 관공서인지 국기를 달아놓은 집도 있었다.

세계 최초의 수도원이 있던 카파도키아 괴레메에는 AD 10세기 이후 지어진 사원이 많다. 365개의 암굴 교회가 공동체를 이루고 있는데 지금은 30여 개만 볼 수 있고 성화가 그려져 있으면 수도원이나 성화가 없으면 수도원이 아니란다. 한때 기원전 8~9세기에는 사람이 그림을 그린 성화는 성화가 아니라고 모조리 파괴했던 시대가 있었다. 그들은 비둘기 알에서 성화의 염료를 채취했는데 그것으로 그린 그림이 프레스코화이다. 우리가 처음 들른 교회의 성모마리아상은 우상이라고 하여 얼굴 부분이 모두 깨져 있었다. 두 번째 들른 곳은 바르바라 교회, 세 번째 교회에는 곡식 창고, 부엌, 식당도 있고 기도실이 있다. 가장 오래된 예수상 그림은 6세기 것이라고 하는데 기독교 제국은 4세기부터 1405년간이나 이어져 왔다. 그곳엔 가장 선명한 그림이 많이 그려져 있는 센달교회, 동로마제국의 원주민들이 만들었던 교회들, 예수님의 일대기를 그림으로 설명한 혁띠 교회도 있었다.

그 버섯계곡에서는 관광객들이 열기구를 타는 사람들이 많았다. 공중을 향해 오르는 시구 공들이 마법의 고장을 수놓자 어머니는 주저하지 않고 우리들에게 강력히 말했다.

"애들아, 여기 와서 이걸 못 타면 후회한단다. 우리도 타 보자." 90을 바라보는 노인네를 보며 망설이는데 어머니는 딸들보다 더 용감했다. 우리는 두 개의 애드벌룬에 나누어 타고 공중으로 올라가서 괴레메 골짜기를 낱낱이 내려다보았다. 조그만 4각통에 5~6명이 탄 열기구는 연료통이 있어서 그 열로 공중을 나르게 되어 있다. 멀리 지상을 내려다보며 높이높이 날 수 있으니

버섯계곡에서 일행들과

새가 된 기분이랄까? 하늘에는 3천 대천 세계가 있다고 하더니 그곳에서도 하늘은 까마득히 열려 있었다.

숙소로 가는 도중에는 카펫 공장을 들렀다. 25개의 고치가 모여 한 줄의 실을 만드는데 양털 카펫이 5줄로 짠다면 실크 카펫은 25줄로 짠다고 한다. 양질의 실을 뽑아내려면 잠실의 온도를 60~70도까지 맞춰야 1.5m쯤 되는 길이가 나온단다. 적절한 환경 유지를 하기도 보통 어려운 일이 아닐 텐데 직공들의 손놀림은 마치 기계와 같았다. 그것도 모두 수작업을 통해 무늬를 짜고 있었다. 터키에선 신부가 꼭 지참해야 할 물건이 카펫이고 새, 십자가, 용, 독수리, 전갈, 별 등 많은 무늬를 넣는데 그것을 사용하는 사람들에게 행운을 비는 샤먼의 의미가 담겨 있단다. 우리는 그곳에 진열된 상품들을 구경하면서 다양하고 화려한 카펫에 눈이 휘둥그레졌다. 값 또한 만만치가 않아 1,000만 원을 육박하는 것도 있으니 황실에서나 사용하면 모를까 일반인들은 눈요기하기도 버거웠다.

보스포루스 해협과 톱카프 궁전

저녁을 먹고 카이세리에서 국내선으로 이동하여 그 유명한 국제도시 이스탄불에 도착했다. 불을 뿜는 듯한 찬란한 시가지의 야경을 바라보며 부귀영화를 한 몸에 받았던 고대도시 품에 안기는 감회가 컸다. 유럽과 아시아의 경계에 있는 이스탄불은 유럽에서도 9번째 가는 큰 도시로 해안을 낀 상업 도시여서 실크로드의 정착지다. 기원전 7세기 그리스 비자스 장군의 원정으로 세워진 이 식민도시는 비잔티움으로 불리면서 그리스 문화의 꽃을 피웠지만 로마의 지배를 받으면서 수도의 이름을 콘스탄티노플로 바꾸게 된다. 그러나 1453년 콘스탄티노플이 오스만 투르크에 함락되자 또다시 이스탄불로 바뀌는데 오랫동안 번영을 누렸던 이스탄불도 터키의 독립과 더불어 수도를 앙카라로 넘겨주게 된다.

이스탄불이 세계적인 국제도시로 발전할 수 있었던 것은 유럽

보스포루스 다리

과 아시아를 잇는 보스포루스 해협 때문이다. 보스포루스 해협은 흑해와 지중해를 잇는 바닷길로 양측 해안에 고대 유적지, 전통을 가진 터키 마을, 음식점, 찻집, 별장들과 학교, 울창한 숲으로 꽉 채워져 있다. 그런 위치 때문에 아름다운 경치를 바라보게 하는 이스탄불은 유럽과 아시아가 공존하는 유일한 국제도시로 발전할 수 있었다. 이스탄불은 농촌에서 일자리를 얻기 위해 올라왔던 사람들이 낮에는 일하고 밤에는 몰래 집을 짓는 일이 많았으므로 밤사이에 지어진 집 게재콘도가 혼잡한 주거문화를 가져오기도 했었다.

우리는 크루즈로 상행하고 하행은 버스로 이동을 하면서 보스포루스 해협을 관광했다. 보스포루스는 물살이 급하게 흘러들어 교통이 빠른데 그 이유는 에게해보다 수심이 30m 높고 염도는 지중해보다 낮기 때문이다. 유람선 안에서는 구시가지(유럽 쪽)와 신시가지(아시아 쪽)를 함께 볼 수 있는데 두 쪽을 다 비교해보아

유럽쪽 보스포루스 해협

도 어느 쪽이 더 아름답다고 말하기는 어려웠다. 아시아 쪽은 주거지역이라 조용하고 아늑한 정경이고 유럽 쪽은 상업지역이어서 규모가 크고 화려했다. 세계 4대 미항 중의 하나인 이스탄불을 차지하기 위해 터키인들은 수많은 섬들을 포기했다고 한다.

오스만 제국의 별궁이었던 건물은 호텔로 개조되어 하루 밤 자는데 100만 원이 넘는다고 한다. 배 위에서 보아도 제국의 위력을 나타내는 로코코양식의 궁전, 이슬람 사원들이 굵직굵지하게 들어서 있다. 특히 위스키다라와 마르마라해 사이는 가장 폭이 좁은 작은 바다인데 우리는 귀에 익은 그 나라 민요를 들으며 잠시 흥분했었다. 6·25 때 우리나라에 지원군으로 왔던 터키군들은 선쟁의 포화 속에서 늘 고국을 그리며 그들의 민요 위스키다라를 불렀기 때문이다. 그 곡이 내 가슴 밑바닥에도 남아 귀에 익었으므로 반가웠다.

다음 날은 보스포루스 해협이 내려다보이는 톱카프 궁전을 보

톱카프 궁전

았다. 마호멧 2세에 의해 1459년부터 짓기 시작하여 계속 증축했다는 궁전은 70만 제곱미터에 달하는 방대한 땅 위에 지어졌는데 비단길을 통해 들어온 중국 도자기들과 접시 탕기가 얼마나 많은지 원형 찻상만 한 것부터 세트로 쌓여 있었다. 16세기 말에는 요리사만도 1,200명이 넘었다니 입이 다물어지지 않는다.

콘스탄티노플을 정복했던 오스만의 아들 마호멧의 술탄 2세는 아버지 마호멧을 귀양 보내고 동생을 살해한 후 왕위에 올랐다. 스승으로 섬겨온 재상을 향해 콘스탄티노플을 정복하겠다고 선언한 후 성벽(4중 성벽)을 허물려고 20만이 이끌 수 있는 대포를 만들어 톱카프 궁전을 한 달 내내 공격했다. 결국 콘스탄티노플이 완전히 멸망하자 기독교 문화는 자연히 사라지고 이슬람 문화가 정착하게 된다.

오스만 투르크의 강력하고 영원한 지배자 술탄은 '지중해가 우리의 연못이다'라고 할 만큼 궁전을 크게 지었는데 15세기 중반부터 20세기 초까지 그는 그곳에서 살았다고 한다.

지금은 박물관이 되어 있는데 전시된 도자기들도 화려하지만 전쟁에 쓰였던 병기 창, 칼, 투구들이 전시되어 있는 방도 있고 보석 박물관에는 옥좌, 면류관, 왕비나 여자들이 사용했던 장신구, 세례 요한의 금으로 만든 팔, 86캐럿짜리 스푼 다이아몬드도 있다. 바보 어부가 다이아몬드 원석을 스푼 3개와 바꿨다 하여 스푼 다이어몬드로 불려지는 보석! 그중에서도 이해하기 어려운 것은 찻잔이나 술잔, 식기에 무수히 박힌 보석들이 장식용 그릇이라면 몰라도 평소 어떻게 사용했을까 의구심이 들었다. 마호멧은 '하나님의 돌만 가져오지 못했다'고 술회할 만큼 세상의 부귀영화를 한 몸에 지니고 살았는데 그래서인지 화려한 서품들도 많았다.

궁전 전망대에 오르면 보스포루스 해협의 푸른 물결과 신시가지들이 한눈에 들어온다. 그러나 그렇게 위대했던 오스만 투르크도 세계 제1차 대전이 터지면서 연합국이 패전하자 무너지게 되었고 그때 빼앗겼던 땅을 나중에 케말 장군이 독립하면서 다시 찾게 되었으니 얼마나 다행이랴. 세계를 손안에 넣고 주무르던 대제국도 한순간에 사라지고 32개의 나라로 흩어졌으니 오스만 투르크가 치지했던 아시아, 유럽, 아프리카 대륙의 영광도 영원할 수는 없었던 것처럼 세상은 제행무상(諸行無常)이라고 하지 않았던가. 존재하는 것은 언젠가는 사라진다 하니 변하지 않는 것은 하나도 없다는 게 맞는 말이었다.

성 소피아 성당과 블루모스크

이튿날 아침 카르나크 신전에 있던 오벨리스크가 하늘을 찌를 듯 높이 세워져 있는 것을 히포드롬 광장에 가서 보았다. 비잔틴의 속국이었던 이집트의 투트모스 3세가 선물로 보냈다는 그 오벨리스크는 열흘 전에 직접 눈으로 보았던 카르나크 신전을 떠올리게 하여 반가웠다. 노동자들은 '훗날 세상 사람들이 이 오벨리스크가 어떻게 만들어졌는지 불가사의하다고 말하리라' 하면서 그 제조 과정을 밝히지 않았으니 미궁으로 빠질 수밖에…. 또 페르시아 전쟁에서 이긴 기념으로 그리스의 델피 신전에서 가져다 놓은 승전비도 있다. 4세기경 청동으로 머리가 잘려나간 채 3마리의 뱀이 서로 꼬여 있는 기둥뿐 아니라 오벨리스크를 본떠 벽돌로 쌓아 만든 10세기경의 크로스스 탑도 있다.

이스탄불에서 빼놓을 수 없는 건축물은 뭐니 뭐니 해도 대립되었던 두 종교건물의 본당이다. 히포드롬 광장 앞에 있는 블루모스크는 이슬람 사원의 대표로 6개의 첨탑이 세워져 있는데 내부를 4만여 개의 푸른 타일로 장식하여서 블루모스크라고 한다. 이 사원은 술탄 마호멧이 비잔틴을 정복한 뒤에 세운 건물인데 황제는 성지 순례를 떠나면서 모스크 첨탑을 금으로 만들라고 명령했다. 나라의 재정이 어려운 것을 걱정한 신하들은 지혜를 모아 터키의 말로 금이 '알턴'인 만큼 '알트'(숫자 6)인 줄 알았다고 둘러대기로 합의하고 6개의 첨탑을 세웠다고 한다. 그 말을 듣고 신하들이 나라를 사랑하여 중지를 모은 발상에 박수를 보내고 싶었다. 제왕의 말이라면 하늘이 무너지는 줄도 모르고 복종하는 머저리들이 있다면 어떻게 그런 지혜를 짜냈겠는가. 모스크 내부에는 그림이나 성화같은 것은 전혀 없고 바닥에는 카펫이 깔려 있었는데 알라를 제외한 모든 사람은 평등하다고 믿기 때문이다.

히포드럼에 있는 오벨리스크

성 소피아 성당은 콘스탄티누스대제가 수도를 콘스탄티노플로 옮기면서 목재 건물로 지었던 것이나 불탔던 것을 415년 테오도시우스 2세가 대성당으로 건축했다. 6세기 유스티니아누스 황제 때는 니카의 반란으로 파괴되었던 것을 AD 532년 황제의 명령

성소피아 사원

에 의해 1만 명의 고용인들이 5년 동안 건축한 것이니 천문학적이라고 할 만하지 않은가.

성당 내부에는 성화, 글씨와 문양들이 화려하게 모자이크로 조각되어 있다. 7대 불가사의라고 할 만큼 세계적인 명성을 떨치고 있던 건물은 콘스탄티노플을 강타했던 지진에도 끄떡없었으니 신의 조화일까. 성당은 916년간 교회로 사용하다가 482년간은 이슬람 사원으로 사용하게 되었고 1934년부터 지금까지는 박물관으로 사용하고 있다. 내부에 40개의 창이 있어서 눈부신 햇빛이 일제히 쏟아져 들어오면 정신을 차릴 수 없을 만큼 황홀하다고 한다. 나는 그걸 체험하지 못하고 돌아서야 하는 게 아쉬웠다. 기둥 없이 돔 구조로 하중을 받치고 있는 이 건물은 여러 개의 지붕들이 리듬감 있게 조화를 이루고 있어서 더 아름답다. 동로마 시대에서부터 현재에 이르기까지 수난의 시대를 끄떡없이 버텨 온 그 자태를 보면 비록 건축물이지만 엎치락뒤치락했던 역사의 흔적을 안고 세계적인 명소로 우뚝 서 있다는 것이 자랑스러웠다.

블루모스크 사원

지중해 여행을 마치며

여행은 나에게 끝없는 도전이요 탐구 정신이요 경이와 충격이다. 이번에도 늘 마음에 그리던 그리스 로마 문화와 터키를 더듬으며 대 제국들이 스쳐간 땅에 깊은 관심을 기울일 수 있었다. 민주주의의 발상지이면서 철학과 예술을 낳았던 그리스 문명은 인류의 삶을 진일보하게 만들었고 전쟁이 낳았던 위대한 영웅들은 세계로 진출하면서 이방 문화를 받아들여 더욱 찬란한 꽃을 피웠다. 더구나 신화가 가져온 인간의 지혜와 상상은 곳곳에 면면히 침투되어 위대한 사상을 낳았고 그들이 가지고 있던 공명심과 잠재능력은 문화예술을 발전시킨 밑거름이 되었다. 그것처럼 그리스의 지역적인 환경과 자연 풍토가 낳은 합리적인 민주주의를 보면서 우리는 왜 오늘날까지 분단된 조국의 역사나 신화까지도 뒤집으며 은폐시키려 했는지 부끄러웠다.

더구나 헬레니즘 문화를 화려하게 꽃피울 수 있었던 시대의 흔적을 또 다시 확인하며 역사의 뒤안길로 사라진 그들의 삶을 돌아보는 것도 재미있었다. 특히 터키 안에 숨어 있던 기독교와 이슬람 문화의 융합, 유럽과 아시아를 이어 주는 흑해와 에게해의 문명들은 우물안 개구리식으로 살아온 나에게 벅찬 감동을 안겨 주었다. 비잔틴과 오스만이 가져온 역사의 유물들, 에베소와 괴레메 사원에 남겨진 초기 기독교인들의 수난의 역사를 확인하던 일들… 갑바도기아의 기기묘묘한 바위와 그 속에서 살고 있는 사람들의 독특한 삶까지 신비하지 않은 것이 없었다.

아무튼 돌궐, 즉 흉노족이었던 터키인들의 조상이 아시아에서 왔다고 형제의 나라라고 '코리아'를 외치며 반기던 사람들이 더없이 고마웠다. 실크로드로 향한 종착지 그 길로 향한 비단길에는 곳곳마다 실크 마후라가 수건처럼 걸려 있었다. 또 그들의 부적처럼 파란 눈의 나자르본주가 상점마다 걸려 있었는데 이집트의 호루스 눈과 같은 행운의 뜻이 담겨 있다 하여 나도 여행하는 동안 목에 걸고 다녔다.

나는 이번 여행을 하면서 현지 가이드들의 열정과 정성에 감탄했다. 그들이 얼마나 친절한지 그 나라의 역사와 문화를 해박하게 꿰뚫고 있어서 많은 정보를 가르쳐 주려 애쓰던 모습이 참으로 고마웠다. 그 젊은이들이 우리 한국 사람이란 것에 어깨가 으쓱해지기도 했다. 또 자신들의 삶을 적극적으로 살아가는 아름다운 예지회 회원들과 나중에 어머니와 동생들까지 함께 지중해 연안을 돌아볼 수 있었다는 것은 내 인생에 두 번 다시 없을 일이었다. 그래서인지 여독을 안고 돌아오면서도 나는 또다시 다음 여행지를 머리에 그리고 있었다.

4

캐나다

스탠리 공원과 부차드 가든

캐나다 (2004년 6월, 9일간 여행)

어느 해였다. 억수로 쏟아지는 장맛비를 헤치고 충무의 외도, 남해의 보리암, 호미곶으로 해서 하회마을까지 3박 4일의 황금연휴를 다녀오던 중 남편의 같은 회원 누군가가 해외여행을 제안했다. 그 뜻을 받아들여 회비 절약으로 가물에 콩 나듯 만나면서 캐나다 여행을 꿈꿨다. 첫눈 내리는 날 만났다고 하여 붙여진 초설회 회원들의 소망이었다.

여행 인원 15명이 넘으면 안내자가 함께 따라간다는 조건 때문에 어렵게 수소문하여 이웃 네 부부를 추가시킨 뒤 드디어 출발하기에 이르렀다. 현지 가이드와의 접선 문제, 출입국의 절차나 긴급 상황 발생에 대비해서다. 출국하던 날 공설운동장에 모인 일행들은 모두 잠을 설친 눈치였다. 그런데 함께 동행하기로 한 회사 측 안내자가 다른 사람을 보낸 것도 달갑지 않은데 잃어버리고 온 물건이 있다고 말도 없이 황급히 나가버려 잠시 미아가 되었다. 그는 2~30분 후에 돌아와서 미안하다는 말도, 왜 기다리게 했는지도 말하지 않았다.

다행히 춘천에서 출발한 버스는 넉넉한 시간을 앞두고 인천공항에 도착했다. 오후 5시 출국 수속을 끝낸 비행기는 10시간 만에 밴쿠버에 무사히 도착했다. 비행기에서 내려다보니 산악지대의 험악한 골격을 감아 쥔 실금이 거미줄처럼 엉켜 있다. 조그만 상자갑 같은 초막들이 산꼭대기에 듬성듬성 놓여 있는데 고산지대로 난 도로와 주택인 것 같았다. 이윽고 화려하지는 않지만 구획정리가 잘 되어 있는 도시가 나타났다.

인공 조형도시라고 일컫는 콜롬비아 주의 밴쿠버는 단층으로 된 집들과 울창한 나무숲과 끝이 보이지 않는 직선 도로가 시원하게 뚫려 있다. 잘 사는 나라일수록 집 둘레에 수려한 나무들을 심어 쾌적한 공간을 마련하는 것을 볼 수 있는데 밴쿠버 역시 숲의 도시였다.

캐스케이드산맥과 알래스카를 비롯해서 여섯 개의 높은 산에서 만년설이 흘러내려 도시 한 가운데를 지나 태평양으로 흘러들기 때문에 밴쿠버는 아름다운 항구도시를 만들고 있었다.

석양빛에 바라본 스탠리 공원

캐나다 사람들은 밴쿠버를 4대 미항에 들어갈 경관이라고 자랑한다. 어느덧 항구에도 석양이 물들고 있었다. 저 멀리 빌딩이 들어선 도시가 보이고 우뚝 서 있는 배들이 정박해 있다. 스탠리 공원은 1888년 총독이었던 스탠리경의 이름을 따서 만든 것인데

스탠리 공원

122만 평으로 여의도만 한 크기다. 바다와 해수욕장을 낀 공원이 너무 넓어서 버스로 이동해 희망의 동산으로 올라갔다. 그 공원 옆에는 '할로우 트리'라는 천년 된 나무가 우뚝 서 있었다. 속이 비어 있으면서도 생명력을 자랑하고 있는 장수 목을 보니 100년도 채우지 못하는 인간의 수명이 하잘것없어 보였다.

그 공원엔 울창한 삼나무와 전나무, 원시림에서부터 잘 손질된 나무, 파란 잔디가 깔린 운동장, 피크닉 지역, 해변가도 정돈되어 아름다웠다. 한 떼의 젊은이들이 화려한 드레스를 입고 모였는데 그날이 고교 졸업식이란다. 마치 무도회장에라도 나갈 차림으로 사진을 찍으며 저희들끼리 웃고 떠들면서 예정된 시간을 기다리고 있었다.

절벽 단애로 올라가 시원하게 펼쳐진 바다 경치를 보는데 일행이 놀란 목소리로 소매치기를 당할 뻔했다고 소리쳤다. 갑자기 자신의 뒷주머니에 웬 손이 들어와 돌아보니 어떤 청년이 손을 빼면서 아무 일도 없었다는 듯 유유히 사라졌다고 한다. 잘사는 나라의 이미지가 단번에 손상된 셈이다.

해안을 끼고 산책을 하다 보면 잉글리쉬 베이가 보인다. 그곳에는 한인들이 많이 살고 있는데 월드컵 축구경기가 벌어졌을 때는 우리 교포들이 사기 앙양하여 열광적으로 응원을 했던 곳이라 한다. 우리는 그 근처 몇 층 건물인 캐나다 플레이스에서 의류와 기념품들을 구경하고 한인 식당으로 가서 저녁으로 불고기 정식을 먹었다.

인공의 모자이크 부차드 가든

아침 식사를 하고 페리 터미널로 이동하여 트왓슨 호를 탔다. 배 난간에 서서 과자를 들고 있으면 갈매기들이 잽싸게 날아와 먹이를 채어 간다. 그것이 신기해 갈매기를 유인하는 재미에 넋을 잃다보니 어느덧 빅토리아섬에 닿았다. 콜롬비아 주의 주도인 빅토리아는 밴쿠버의 남쪽에 있는 세계에서 가장 기후가 좋고 아름다운 경관을 가진 곳이다. 6·25 때 우리나라에 25,000명의 참전용사를 보냈는데 516명이나 전사했으니 우리와는 꽤 인연이 깊은 도시다. 피 한 방울 섞이지 않은 나라를 위해 목숨 바쳐 싸웠던 사람이 어디 한둘인가. 그런 고마움을 우리는 지금 까마득히 잊고 사는지도 모른다.

빅토리아는 제주도의 17배만 한 땅에 인공으로 만든 어마어마한 정원을 가지고 있었다. 그 정원은 브랜트우드 베이에 위치한 50에이커의 면적으로 그림을 그리는 부차드 씨 부인이 시멘트를 포장하여 수출하던 땅에다 나무를 심고 꽃을 가꾸면서 정원이 만들어

퍼포먼스를 즐기는 사람

졌단다. 처음엔 찾아오는 사람들이 많지 않았으나 입소문이 퍼지면서 더 유명하게 되었다.

남편 역시 정원 옆에다 아름다운 청동 조각상들을 수집하여 진열해 놓고 외손녀는 '환영'이라는 뜻의 이름을 짓고 꽃밭을 확장했다고 한다. 경기도 청평에 있는 아침고요수목원도 이와 비슷한데 우리나라에도 외국의 정원을 모방하여 자연 정원을 조성한 데가 많다. 분수가 있고 연못, 계곡, 언덕이 있는 곳에다 세계의 꽃이란 꽃은 모두 수집해 놓아서 아름답고 신비스런 정원을 걷다 보면 천국을 방불케 한다.

정원은 선큰 가든에서부터 시작하여 장미정원, 이탈리아 정원, 일본 정원 등 4군데로 나누어져 있다. 사방에서 장미 분수가 뿜어져 나오고 수많은 꽃들이 줄지어 피어 있어 황홀함을 안긴다. 웅덩이가 진 늪에서부터 벼랑으로 오르는 담쟁이덩굴은 녹색 숲을 이루었다. 세계의 꽃과 나무와 잔디를 지나서 언덕을 넘어가게 되면 또다시 이어지는 꽃밭들… 관광객들은 휠체어를 타고 온 노인들이 많았는데 너무 비대해서 걷지를 못하는 듯했다. 구근류와 일년생, 다년생 화초, 포아풀, 작약, 목단꽃이 흐드러진 정원을 한 시간 반 동안 돌고 나니 연못 속의 수생식물도 보였다. 우리는 꽃길을 걷고 또 걸으며 사진도 찍고 감탄사를 터뜨리며 자연과 인공이 조화된 아름다운 정원을 제대로 즐겼다.

광활한 목장지대를 지나면서

인공 조형 도시 밴쿠버를 떠나 두 시간 반 만에 캘거리에 도착한 시간은 10시 30분. 하늘에서 내려다본 만년설은 웅장하고 근엄하기 이를 데 없다. 세계에서 가장 아름다운 청정구역을 꼽는다면 시베리아 다음 알버타 주라고 한다. 천혜의 관광 자원을 보유한 관광 천국으로 겨울에는 로키에서 스키와 크로스컨트리를 즐길 수 있고 여름에는 골프, 낚시, 수영, 카누, 서핑, 스쿠버 다이빙을 마음대로 즐길 수 있는 곳이다. 우리들은 그 알버타 주를 보기 위해 캘거리의 초지가 펼쳐져 있는 도루를 끝없이 달렸다.

80개가 넘는 골프장을 가진 도시 뒤쪽으로 집들이 쪼르르 성냥갑처럼 줄지어 있는 거리를 지났다. 지붕은 모두 회색빛이다. 너무 추운 곳이라서 열을 빼앗기지 않으려는 계산도 있지만 튀는 색 지붕을 하면 국가에다 벌금을 물게 되어 있단다. 자연 친화적

인 느낌을 주기 위해서 그 나라 사람들이 얼마나 신경을 쓰고 있는지 짐작이 갔다.

캘거리는 한반도의 3배 정도가 목장 지대인데 그 하나의 면적이 500만평이나 된다. 끝없는 초록 벌에서 '알파파'를 뜯는 야생소들이 무한히 평화롭게 보인다. '들소들이 뛰고 노루 사슴 노는 곳' 그곳을 이곳에 빗댈 수 있을까? 그 한가로운 광경을 둘러보며 한 시간 반 동안 달렸다. 우리나라의 곡창지대하고는 비교가 되지 않는 광활한 대평야가 줄줄이 이어져 있다.

차창을 통해 들어온 햇빛은 건조하고 강해 제대로 눈을 뜰 수 없을 정도다. 비가 내린 뒤처럼 청량하고 화창한 날씨를 만난다는 것이 그곳에선 보통 어려운 일이 아니라고 한다. 나는 말로만 듣던 로키를 본다는 것만으로도 벌써 가슴이 설레었다. 캘거리의 서쪽에 자리 잡고 있는 밴프는 해발 1,000m를 능가하는 고산지

대다. 그곳은 삼한사온이 반복되는데 여름에도 눈이 오고 해가 밤 11시가 되어야 넘어간다니 백야 현상이 나타난다. 7-8월 사이에는 '캘거리 스탬피드'라는 큰 축제가 열린다.

트랜스 캐나다 하이웨이는 일명 넘버원 하이웨이라고 한다. 총 연장 길이가 8,300km로 세계에서 하나뿐인 단일로다. 이 대륙횡단 도로를 우리는 기분 좋게 달렸다. 간간이 동물 보호구역의 다리를 보면서 그 나라 사람들이야말로 진정으로 사랑의 다리를 놓았을 것이라 생각했다. 인적이라곤 보이지 않는 고속도로에 밀림처럼 빽빽이 들어선 나무들과 만년설이 덮인 거대한 산, 그리고 푸른 강물만이 손짓을 했다. 길가에 핀 민들레를 보니 봄인가 싶었다. 고속도로변으로 노랗게 이어져 있는 민들레가 자연스런 꽃밭을 만들었다.

캐스케이드산 아래에서 바비큐로 식사를

얼마큼 가니 건축된 지 100년 되었다는 중세의 성 같은 밴프 스프링스 호텔이 보였다. 그 휴식처에서 사진을 찍고 마릴린 먼로가 주연한 「돌아오지 않는 강」이 배경이 되었던 캐스케이드산과 설퍼산 사이에서 흐르는 보우폭포를 바라보며 잠시 산책을 했다. 거센 물살 속으로 보트가 빠져 내려가던 영화 장면이 살아나 물거품을 하얗게 쏟아내는 폭포 위로 세속에 절었던 마음을 훌훌 털어내었다.

좌우로 펼쳐져 있는 원시림을 지나 숙소로 가기 전 캐스케이드산 밑 캐스케이드강이 흐르는 곳에서 바비큐로 출출한 허기를 달

케스케이드강

랬다. 호주에 갔을 때도 공원 곳곳에 바비큐장이 마련되어 있었는데 그곳에도 음식을 해 먹을 수 있는 공공시설이 잘 갖추어져 있었다. 가이드는 땀을 뻘뻘 흘려가며 숯불을 피우고 열심히 고기를 구워 우리들에게 주었다. 마치 어미가 제 새끼들을 위해 봉사하는 것처럼…, 저녁을 먹기엔 좀 이른 시간이지만 등심과 김치로 밥을 먹고 토끼집처럼 땅굴에서 살아가는 땅 다람쥐를 만났다.

그놈들은 제 구멍으로 기어들다 말고 과자를 손에 들고 있는 우리를 보자 동료에게 "삑삑" 하고 신호를 보냈다. "아마도 적이 나타났다" 혹은 "먹이가 생겼다"라는 신호를 보내는 모양이었다. 이내 그것이 아님을 알았던지 놈은 잽싸게 달려와 우리들 손의 과자를 물고 갔다. 가이드는 동물에게 먹이를 주다 들키면 5,000불의 벌금을 내야 한다고 소리를 질렀다. 모두 찔끔하여 손을 털었지만 그들의 행동이 너무나 귀여워 모두 정신을 놓았었다.

밴프 타운에 도착하자 시내 구경을 하였다. 그곳의 상가를 구경하며 휴식을 취한 우리는 다시 이동하여 허름한 산장에 도착했다. 캐나다의 집들은 모두 친환경적인 녹색 지붕이어서 눈에 잘 띄지를 않는다. 2층으로 되어 있는 침대도 깔끔하지는 않지만 하룻밤이야 어떠랴 하고 위로를 한 뒤 수필을 쓰는 윤 선생과 산책을 나섰다. 사람 그림자라곤 찾아볼 수 없는 낯선 길을 어디만큼 걷다가 길을 잃을까 싶어 숙소로 돌아오니 일행들이 마당에 둘러앉아 소주를 마시며 이야기꽃을 피우고 있었다. 우리를 보자 '조까치' 이야기를 아느냐고 묻는다. 모른다고 고개를 저었더니 점잖던 분이 눈도 깜짝 안 하고 Y담을 펼쳐놓았다.

우리나라 국가 대표선수가 된 조까치는 A조에 18번을 달고 운동을 하게 되었는데 그 선수의 어머니가 아들을 향해 "에이 십팔 조까치!"라고 응원을 하자 메인석에 앉아 있던 내빈들도 모두 그 어머니를 좇아 합창했다는 이야기다. 그 말에 나도 배꼽이 빠지도록 웃었지만 로키 한 자락에 안겨 어둠이 짙어가는 줄도 모르고 행복한 웃음을 터뜨렸던 그 이야기를 집에 돌아와서 나도 두고두고 써먹었다.

태초의 물빛 루이스 호수

사람 그림자라곤 찾아볼 수 없는 산과 강이 펼쳐진 청정 구역을 달리다 보니 정면으로 캐슬 마운틴이라고 하는 성채산이 펼쳐졌다. 웅장하고 단조로우면서도 남성적인 바위산이 거인처럼 떡 버티어 있다.

영국과 프랑스 전쟁에서 7년 만에 퀘백, 몬트리올을 점령한 영국의 식민지었던 캐나다는 독립을 하고도 세계 제1, 2차 대전 때 영국을 도왔다. 미국에 패한 영국의 왕은 도저히 살아남을 수 없었으나 자신들의 어머니 같은 왕을 살려준 대가로 미국에게 성채산을 아이젠하워로 개명하기로 했다. 식이 시작된 지 2시간 만에 헐레벌떡 나타난 미 대통령이 얄미워 캐나다는 캐슬산에서 동떨어진 다른 산봉우리를 아이젠하워 타워라고 지명했다. 국경을 접하고 있는 두 나라는 예나 지금이나 관계가 원만치 못하다고 한다.

캐나다 보우강

이번에는 로저스 탐험가가 1800년대 십만팔천 봉을 정복했다는 존스톤 캐니언이 눈앞에 서 있다. 그곳에서 흘러내리는 로워 폭포를 바라보며 우리는 피톤치드가 왕성한 삼림욕을 즐겼다. 보우 호수를 끼고 달리다 보면 길가에 민들레가 지천으로 피어 있다. 나무숲에서 얼마 안 가 그림 같은 보우강의 원류인 아름다운 호수를 보게 되는데 그 미모에 압도되어 모두들 입을 다물지 못했다. 속속들이 감추어져 있던 여인의 속살이 옥색으로 빛나고 있었다. 그걸 에메랄드빛이라고 해야 할까? 하느님이 태초에 만드신 성스러운 빛깔, 신비의 색채를 그대로 안고 있는 찬란한 호수 루이스의 물빛에 감탄하여 모두 소리를 질렀다.

밴프의 수만 개의 호수 중 가장 인기 있는 알버타 빅토리아 루이스 호수를 보면 사람들의 심장이 우뚝 멈추어 설 듯하다. 그 어느 빛깔과도 유사할 수 없는 자연이 만들어 낸 아름다운 색채

보우폭포

가 우리의 감각을 마비시킨다. 싸늘하고도 냉정하게 호수를 둘러싼 수면 위로 왼쪽에는 헥타산, 오른쪽으로는 제임스산, 정면으로는 빅토리아산이 거대하고 웅장하게 서있다.

3,400미터 높이로 치솟아 있는 빅토리아산은 정면에 빙원을 이룬 채 만년설이 하얗게 쌓여 있다. 그 흰 눈에 반사된 물빛이 더욱 파랗게 빛난다. 실제로 세 산 중 가장 높다고 하는 빅토리아 산이 제일 낮아 보이는 이유가 청정지역의 착시현상 때문이다. 오후가 되면 태양광선 때문에 눈이 부셔 호수를 제대로 감상할 수 없다 하여 우리는 걸음을 재촉했었다. 깜찍하게도 루이스 호수는 감추어 둔 미모를 최대한 과시하며 정갈함, 침착함, 오묘함을 맘껏 자랑했다. 빙하가 흘러내린 수심 70m 웅덩이에 고인 물은 뼈가 시릴 정도였다.

아름다운 경관을 감상할 때면 신이 흘려 놓은 오묘한 조화에 넋을 잃게 된다. 로키를 보지 않고는 숲을 말할 수 없으며 루이스 호수를 보지 않고는 물빛을 말할 수 없으리라. 그 아름다움을

루이스 호수

간직하기 위해 카메라 셔터를 아무리 눌러대도 기억 속에 각인된 충격만큼이야 더 할 것인가. 그 옆에는 1888년 건립되었다는 샤토 레이크 루이스 호텔이 아름답게 서 있었다.

외교 사절단이 되었던 할머니들

버스로 이동하는 도중 가이드는 관광 안내를 하면서 가장 잊히지 않는 사건을 들려주었다. 어느 날 한국에서 대단한 손님이 오니 잘 모시라는 연락을 받고 공항에 나갔다. 다른 여행자들이 다 빠져나갔는데도 손님들이 나타나지를 않아 얼마나 대단한 분들이 오시기에 이리 늦어지는가 가슴 졸였다. 드디어 저만큼서 흰 가운을 입은 간호사가 휠체어를 탄 노인들을 이끌고 나타났다. 그 뒤를 보니 6~70대 되는 백발노인들이 줄을 서서 나오고 있었다.

남대문 시장에서 평생 장사를 하던 그 할머니들은 어느 날 TV를 보다가 캐나다에 대한 소개가 나오자 그동안 모아두었던 돈으로 여행을 하자고 논의하였다. 70대 노인들은 여행을 하는 내내 그곳이 캐나다라고 가르쳐 주어도 미국이라고 우기는 통에 두 손을 들었다고 한다.

다음 날 아침 항의 전화가 빗발쳤다. 이유인즉 할머니들은 밤새 추워서 한잠도 자지 못했다며 화장실이 없어서 건물 밖에다 방료를 했다는 것이다. 이상히 여긴 가이드가 찾아가 화장실을 가르쳐드렸더니 자신들이 먹고 있는 과일을 그 변기통에다 씻었다며 '맑고 깨끗한 물인데 어떻게 그것이 화장실이냐'고 입을 모았단다. 가이드는 할머니들이 건네준 복숭아를 한입 베어 먹었다가 속이 느글거려 죽을 뻔했었다고 한다.

루이스 호수에 도착한 날은 손님들이 버스에서 내려올 기미가 보이지 않아 이상히 여겼는데 조금 뒤 나타난 것을 보니 모두 옥색 치마저고리를 입고 있었다. 그분들은 단체 사진을 찍는다면 모두 경직된 얼굴로 굳어졌는데 그 모습을 본 신문 기자가 슬그머니 사진을 찍어 다음날 조간신문에 대문짝만하게 보도를 했단다. 그 바람에 '한국을 빛낸 외교사절단'이라는 주제의 그 할머니들은 한동안 한인들 사이에서 화제가 되었다고 했다.

설상차를 타고 대 빙원에 서다

로키산을 끼고 드라이브를 했다. 독인들이 몇 년 새 세계 제1봉으로 꼽는다는 아사바스카 빙원으로 가는 길에는 곰이 많기로 유명하다. 일 년에 4개월만 개방한다는 길을 계속해서 올라가니 빙하가 쌓인 산이 줄줄이 이어진다. 우리는 설상차가 있는 주차장으로 가서 특수 제작한 빨간색 대형 버스로 이동을 하여 빙원의 정상, 스노우 돔에 닿았다. 전 세계 23대밖에 없는 설상차는 6륜 구륜차로 북극과 남극을 탐험할 때 쓰인다고 한다. 그래서인지 설상차에 올라타니 마치 남극을 향해 달리는 기분이었다.

높은 산이나 높은 고지 평원에는 눈이 쌓이면서 압력을 받아 여름에도 녹지 못하고 30미터 두께의 얼음 표면을 만든다. 그것이 빙원이고 빙하는 두꺼운 표면 아래 얼음층이 녹아내리면서 계곡으로 흘러가는데 얼음 아래층은 많은 압력에도 늘어나는 플라

설상차 앞에서

스틱 성질을 가지고 있어서 부서지거나 끊어지지 않는다. 빙하 윗부분은 부서지기 쉬워 압력을 받으면 그 틈이 벌어져 폭포를 만들게 되는데 아사바스카 빙하의 상부에도 그렇게 생긴 폭포가 3개나 있었다.

1960년대 그곳에서는 충격적인 사건이 일어났다. 독일인 신혼부부가 콜롬비아 아사바스카 빙원으로 등산을 갔다가 남편이 실종되는 바람에 여자 혼자 돌아가야 했다. 남자는 눈이 갈라지는 크레바스에 끼어 사십 년을 갇혔다가 지나가던 등산객에 의해 발견되어 세상에 알려지게 되었다. 실종자의 아내는 다른 사람과 결혼하여 백발이 되도록 살다가 청천벽력 같은 소식을 듣게 되었고 그 사실을 확인한 결과 40년 전의 얼굴을 그대로 간직한 남편 시신을 만날 수 있었다.

우리들은 일본인들과 함께 설상차를 탔다. 가이드들도 국제 간에 알게 모르게 경쟁력을 갖는 모양이다. 관광 인원수에 따라 그 나라 말로 해설을 먼저 하게 되는데 우리 가이드가 일본 가이드를 압도했다고 좋아하였다. 그리고는 설상차 기사에게 작은 성의를 보여주면 한국 사람에 대한 좋은 인상을 가질 것이라고 은근히 부추겼다. 그 말을 들은 일행들은 모두 일 불씩 즐겁게 쾌척을 했다.

아사바스카 빙원

아사바스카 빙원에 서서

20만 년 전부터 캐나다는 4번에 걸쳐 빙하기가 지나간다고 한다. 그중 마지막 빙하기가 만 년 전에 끝났는데 한때 아사바스카 빙하는 북쪽으로 자스퍼, 동쪽으로 대 초원지대, 남쪽으로는 캘거리까지 연장되는 거대한 빙하기였으나 요즈음은 지구 온난화 현상으로 녹아내리는 눈이 많아서 그 면적이 점점 줄어들고 있다. 아사바스카 빙원을 두르고 있는 왼쪽에는 안드로메다 빙하, 그 앞쪽에는 독립되어 있는 현수빙하가 서 있다.

시간을 잴 수 없는 수억 만 년의 흐름들, 지나간 세월의 우주가 뿌린 침전물을 밟고 서 있다는 경이로움이 순간에 내 가슴을 훑었다. 나의 존재는 나중에 올 20만 년 빙하기 중 어느 부분에

속하게 될 것인가? 한 줌의 물방울로 흘러내리는 저 보우강의 원류처럼 내 영혼의 일부도 그렇게 살아날 수 있을까? 오늘은 그저 생명을 부지하고 있다는 하나만으로도 감사해야 할 것 같았다.

아사바스카 빙원은 콜롬비아 빙원에서 떨어져 나온 것인데 빙원과 빙하가 겹치는 부분의 계곡을 따라 조금씩 물이 흐르고 있었다. 그 만년설과 만년빙하가 흘러내리는 물을 우리는 컵으로 떠서 몇 모금씩 마셨다. 춥고 쌀쌀한 바람을 타고 내장까지 서늘해지는 듯했다. 빙하의 물은 스펙트라 현상으로 푸르스름한 빛깔을 띠고 있었는데 그것이 세월의 침전물이라면 수만 년의 세월을 단번에 장기 속으로 투척한다는 것이 가슴 벅찼다. 예전엔 청정 자연수였던 빙하도 요즈음은 대기 오염으로 순도가 떨어져서 마음 놓고 마시기가 어렵다고 한다.

풍화 작용으로 인해 빙하는 절벽을 깎아내리기도 하고 암반을 파내면서 퇴적물을 쌓게 되는데 모레인 빙하 잔재가 흙더미를 덮으면서 그곳에다 생명을 키우기도 한다. 운반된 퇴적물이 칼날 같은 측면은 측면 잔재, 빙하 끝부분에 쌓이면 종점 잔재인데 종점 잔재에 속한 써니타라는 빙하 침전 호수도 보였다.

하단은 빙하 잔재라 하여 이름 모를 꽃들이 살고 있었다. 여름에는 아네모네, 히아신스, 이끼 동작들이 주로 피고 바위틈에서는 꿀벌들도 열심히 업무에 종사하는 모습을 볼 수 있다. 설상차를 타고 하산하는 길에는 빗줄기가 굵어졌다. 우리는 힌튼으로 가기 위해 다시 버스를 갈아타고 달리다가 로키에서만 산다는 엘크가 먹이를 뜯는 모습을 평화롭게 바라볼 수 있었다. 그날은 자연의 신비스런 빙하의 세계에 온통 정신을 빼앗겼던 날이었다.

재스퍼 공원의 아사바스카 폭포

한국인이 운영하는 호텔에서 저녁을 먹고 근교 산책을 나갔다가 돌아왔다. 11시가 되어도 밖이 훤하여 잠이 오지 않았다. 그걸 백야현상이라고 했던가? 그동안 다른 팀이 있어서 합류가 어려웠던 초설 회원들은 호텔 내부에 있는 바에서 맥주를 마시며 모처럼 단합 대회를 가졌다.

한국 사람이 일급 호텔주인이 될 만큼 성공했으니 자랑스럽다고 느껴졌다. 1층에서 가게를 하고 있는 부부도 한국 사람인데 고국에서 약사로 일을 하다가 아이들을 위해 이민을 온지 11년이 넘었다고 한다. 1, 2년 후쯤 한국으로 돌아가고 싶다는 주인은 아버지가 애걸하듯 반대하는 데도 무릅쓰고 떠나온 젊은 날이 후회된다며 고향을 그리워했다. 나는 닭 모양의 액세서리를 구입하면서 그분의 쓸쓸해 하는 마음을 조금이나마 달래주려 애썼다.

전날은 비가 내렸지만 재스퍼로 향하는 아침 길엔 해가 나고

아스바스카 폭포

뭉게구름이 떠다니고 있었다. 넓은 대지에 어제와 조금도 다르지 않은 침엽수들이 빼곡하게 늘어서 있다. 웅장하고 우람한 바위산 뒤로 드넓은 평야와 구릉을 덮고 있는 수림들이 초록빛 일색이다. 재스퍼국립공원에는 야생동물이 많다더니 아침 길에 어미 곰이 새끼 두 마리를 데리고 나들이하는 모습을 보았다.

어젠 엘크, 오늘은 곰을 보았으니 들소만 보면 이 지역에 살고있는 동물은 다 본 셈이다. 끝없이 직선으로 뚫려 있는 도로를 달리다 보면 그 나라 사람들이 얼마나 야생동물을 사랑하는지 알게 된다. 폭포로 올라가는 길에 다람쥐가 따라와 우리들 손에 입 맞추며 재롱을 부리는 것이 놀라운 일이 아니다. 오고 가는 정이 어디 사람에게만 한한 일인가.

우리는 아사바스카 폭포를 보기 위해 계곡을 올랐다. 바위와 계단을 따라가면서 굉음을 내는 포구의 물소리, 여울물을 바라보며 거대한 물살을 뿜어내는 급류에 마음을 실어 보냈다. 모처럼 시원함이 느껴진다. 빙하가 깎여 내려간 흔적이 역력하다. 바위와 기암괴석을 뚫고 분수를 쏟아내는 폭포를 만나면서 잠시 자연의 일부가 되기도 했다. 캐나다는 물과 나무와 설산의 끝없는 연속이다. 폭포 끝에 전망대도 있어 잠시 쉴 곳도 있었다.

우리는 까마귀발 빙하를 보기 위해 계단을 내려와 다시 버스로 이동했다. 캘거리로 가는 도중 버스에서 내려 설원에 묻혀 있는 까마귀발 빙하를 가까이에서 조우했다. 두께가 120m의 튼튼한 빙원을 만들고 근엄하게 버티어 있는 산! 아무리 멋스런 남자라 해도 이만한 풍모를 갖출 수 있을까. 그곳에서 마침 우리는 바보 갈매기들을 만났다.

재스퍼 공원

밴쿠버에서 1,800km나 떨어진 곳에 사는 바보 갈매기들은 미국의 콜로라도의 지류를 따라 캘거리까지 날아온단다. 바닷가로 이어진 물길을 따라 산란하러 올라오는 연어를 보고 그들을 쫓아온다는 것이다. 먹이에 집착한 둔재가 아니라 연어에 대한 애련을 느껴서라면 그것도 톱 기사거리가 될 수 있을까? 그곳에는 또 사람을 보아도 피할 줄 모르는 까마귀들이 있었다. 사람을 따르는 동물들이 신기해 순간 포착 사진을 찍었는데 영악한 사람들을 순하게 만드는 바보들의 행진이 계속 이어질 그 나라 환경이 너무나 부러웠다.

하늘에서 바라본 윤회하는 나무들

밴프와 재스퍼국립공원은 1985년 유전 보전지역으로 지정되었다. 불곰이 12마리 정도 서식하고 있다는 공원에 곤돌라가 설치되어 있는 주차장 안에는 알브이 차량이 커다란 덩치를 안은 채

곤돌라 탑승장

서 있다. 로키 주변에는 알브이 파크가 300개 정도 마련되어 있다는데 전기 수도, 물, 야외 식당 등이 갖추어진 차량으로 장기간 여행을 하며 묵을 수 있는 시설이 갖추어져 있다. 자동차 하나로 어디론가 떠날 수 있는 꿈을 안고 세상을 훨훨 날아다닐 수만 있다면 얼마나 좋으랴.

우리는 그곳에서 점심을 먹고 빗방울이 간간이 스치는 곳에서 곤돌라를 타고 산으로 올라가 도시 전면을 구경했다. 마치 융단을 깔아 놓은 듯 녹색 밀림이 대지의 삼분의 이를 덮고 있었다. 우리나라보다 100배나 큰 땅을 가진 캐나다에는 대한민국의 절반도 안 되는 사람들이 살고 있는 셈이다. 그 땅을 개인에게 분배한다면 한국에선 모두 땅 부자라는 소리를 들으며 살 수 있으리라. 좁은 땅덩어리를 가진 우리들이기에 넓은 땅을 가진 나라를 보면 그렇게 부러울 수가 없다. 그뿐이랴 천혜의 보고를 안고 있는 푸른 나무들은 어떤가.

로키의 나무들은 몇백 년을 윤회하며 살고 있다. 하늘이 내린 천형을 이겨내기 위해 스스로 자생력을 키우지 않으면 안 된다. 영하의 기온에 묻혔던 아랫도리를 노출시키고 붉은 종아리를 그대로 드러내 놓고 있지만 그 나라 사람들은 전혀 인위적인 힘을 가하지 않고 느긋이 관망할 줄 아는 아량이 있다. 나고 죽고 병든 한살이의 과정을 윤회하면서 살아있는 나무는 죽은 나무를, 죽은 나무는 산 나무를 위해 몸 보시하는 자연생태를 너그럽게 바라보아주는 것이다. 숲속의 동물들에게 먹이를 주면 자생력을 잃는다 하여 벌금을 물리게 하는 것처럼 캐나다 사람들의 가치관이 또 그렇게 숲의 질서를 유지시켜 간다는 걸 알았다.

우리는 앨버타주를 여행하는 도중 성장을 멈추었던 나무들이 맘껏 기지개를 켜고 있는 모습을 수없이 만났다. 나무 표피에는 아직도 이끼가 얼어붙어 있는데 선잠에서 깨어 용트림하는 모습이 볼수록 눈부셨다. 광활한 대지를 메우고 있는 원시림의 획일적인 숲, 수백 년 동안 하늘에 가둬진 채 오벨리스크처럼 하늘을 찌르는 기둥이 캐나다 사람들을 부강하게 하는 천혜의 자원이 되고 있었다. 나무만 팔아먹이도 160년을 거뜬히 먹고 살 수 있다니 자원이라곤 아무것도 가지지 못한 우리의 입장에서 보면 그 나라는 신의 축복을 한 몸에 받은 특별한 나라란 불평을 털어놓지 않을 수 없다.

천상에서 지상을 내려다보는 하느님의 마음도 그렇게 뿌듯하겠지? 곤돌라를 타고 내려다보는 도시 밀림 지대 안에 숨겨져 있는 보물들, 루이스 호수도 저 멀리 그 모습이 보였다. 그윽한 시선으로 다시 신의 예술품에 찬사를 보내며 캘거리의 88올림픽 공원을 둘러보고 저녁을 먹은 후 토론토에 도착했다.

안개 속의 숙녀호 나이아가라 폭포

나이아가라 폭포는 미 북부 캐나다와 국경을 이루고 있는 5대호 중 온타리오 호수에서 에리 호수로 흘러드는 나이아가라강 중간에 있는 폭포다. 빙하기 이후에는 절벽 아래 11km에 있었으나 매해 30센티씩 침식을 하면서 지금의 모습으로 변했다. 그 폭포는 미국 쪽에서 보는 것보다 캐나다 쪽에서 보는 것이 훨씬 웅장하고 아름답다. 우리는 아침 식사를 하고 폭포로 유람하는 크루즈를 타기 위해 선착장을 찾았다. 크루즈는 미국 쪽의 폭포로 해서 편자 폭포로 돌아오는 길인데 모두 우비를 입어야 했다. 단체로 줄을 서서 유람배에 승선을 했다. 햇빛을 받을 때면 비닐 우비가 못 견디게 더웠는데 배가 떠나면서 폭포 근처 가까이 가자 오히려 시원했다.

폭포는 마치 배를 삼켜 버릴 듯 짙은 포말이 부글부글 끓어오르면서 굉음을 냈다. 물보라 이는 안개 속으로 들어가다 보면 낙

나이아가라 폭포

차 음이 성난 호랑이처럼 우악스럽게 천둥치는 소리를 내기도 하고 대포 소리를 내며 무섭게 달려든다. 배는 눈을 뜰 수 없을 만큼 세찬 물 비를 맞고 폭포 가까이 다가가지만 결코 대적할 만한 힘이 없어 백기를 들고 나오게 된다.

자연의 힘은 인간이 따라갈 수 없는 큰 위력을 지니고 있다. 그래서일까 인간이 신을 숭배하게 된 것은 나약한 힘을 자연에 의지하고 싶은 데서 시작되었을 것이다. 그래서인지 나이아가라 폭포에도 슬픈 전설이 있었다. 콜럼버스가 신대륙을 발견하기 이전 나이아가라 폭포 상류에는 인디언족이 살고 있었는데 그들은 1년에 한 번씩 폭포의 신에게 예쁜 소녀를 산 채로 바치는 풍습이 있었다. 마을의 추장은 공정성을 기하기 위하여 자신의 딸도 제비뽑기에 참여시켰는데 하필이면 추장의 어린 딸이 당첨이 된 것이다.

추장은 어미를 일찍 여읜 단 하나뿐인 딸을 애지중지 키웠으므로 도저히 제물로 바치고 싶은 생각이 없었다. 그렇지만 부락민들에게 당당히 약속을 지키는 모습을 보이고 싶어 근엄한 표정을 지었다. 마침내 추장의 딸이 제물로 바쳐지는 날 꽃으로 장식된 배 안에서 소녀는 울고 또 울었다. 배는 노 하나 없이 강물로 흘러내려 갔다. 소녀의 울음소리는 점점 커지며 아버지를 애타게 불렀지만 그 울음소리는 거대한 물소리에 파묻히고 말았다.

드디어 배가 낭떠러지에 도착하기 직전 곤두박질할 무렵 저쪽에서 배를 저으며 다가오는 사람이 있었는데 바로 소녀의 아버지였다. 추장은 어린 딸의 손을 꼭 붙잡고 함께 울고 있었지만 곧 이어 엄청난 폭포의 물줄기 속으로 사라져버렸다. 그 이후 두 사람의 흔적은 어디에서도 다시 볼 수 없었다.

특급호텔의 새벽 비상벨 소리

온타리오 주의 최대 공업 도시인 토론토는 캐나다에서 가장 번화한 도시이다. 토론토는 나에게 낯익은 도시였다. 몇 년 전 미국을 방문했을 때 나이아가라를 보기 위해 캐나다 국경을 넘은 적이 있기 때문이다. 그곳을 다시 보기 위해 발을 들여놓다 보니 가슴이 설레었다. 무엇보다도 우리를 안내해 주려고 나온 가이드가 낯이 익어 세상에 이런 일도 있나 싶어 남편에게 물으니 "뭘 잘못 짚었어"라고 말한다.

나는 어떤 확신에 차 옛 기억을 더듬으며 과거를 회상하다가 순간 그가 매고 있던 노란 넥타이의 강한 인상이 떠올랐다. 미국

토론토시

여행을 하면서 나이아가라를 방문했을 때 우리를 안내했던 가이드가 틀림없었다. 아아! 살다 보면 이렇게 만날 수도 있구나 생각하니 정말 반가웠다. 나이아가라는 밤 야경이 화려했다. 환상적인 조명 불빛이 낮의 웅장함보다 더 분위기 있었다. 웬만해서는 좋은 호텔에 투숙하기가 어려운데 마침 성수기가 끝난 상태라 우리는 전망 좋은 방을 차지할 행운이 주어졌다.

응접실, 욕실, 침실, 화장실이 따로 떨어진 앰버시 스위트 호텔 21층! 그 특급 호텔 방 중에도 몇 개 더 경관 좋은 곳이 있다더니 우리가 그것을 배정받은 것이다. 이 무슨 횡재인가 싶어 입이 벌어졌지만 하룻밤 묵는다는 것이 아쉬울 뿐이었다. 어차피 내일 아침이면 모든 걸 버리고 떠나가야 할 사람들이 아닌가. 나는 욕실에서 나와 이내 잠이 들었던 모양이다. 잠결에 비상벨 울리는 소리가 들렸다. 얼결에 눈을 비비고 일어나보니 어느새 아침이 오고 있었다. 호텔 외부의 상태는 아무런 이상이 없었다. 그래도 사이렌이 계속 울리자 남편은 가이드에게 전화로 무슨 일인지 알아봐 달라고 요청을 했다.

복도 문을 열고 밖의 상태를 살피니 다른 호실의 손님도 나와 같은 표정으로 문을 열었다. 나이아가라의 전경은 아무 일도 없다는 듯 광활하게 펼쳐져 있었다. 나는 “별일 없을 거예요. 부엌에서 요리를 하다가 좀 실수를 했겠지” 하곤 침대에 벌렁 누워 “폭포가 너무 멋져요” 하고 중얼거렸다. 그리곤 느긋하게 쉬려고 하는데 얼마가 지났을까? 일행 누군가가 방문을 두드렸다.

“모두들 불이 났다고 대피를 하는데 뭐하는 거예요?” K 여사가 따졌다. 그제야 우리는 “정말 불이 났느냐?”고 싱겁게 되물었다. 그의 이야기는 이러했다. 지하 1층에서 누군가 비상벨을 잘못 건드려 불자동차까지 왔다 갔고 엘리베이터도 작동이 되지 않아 모두 비상계단으로 허둥지둥 대피를 했다고. 그것이 오보였기 망정이지 정말 있었던 일이라면 어찌할 뻔했느냐고 꼬집는다.

그날 저녁 우리 일행 중 1층까지 걸어 내려갔던 사람들은 모두 다리에 알이 배어 쩔쩔매었다. 그들은 외국인들의 질서 의식과 침착성을 칭찬하면서 한국 가이드에게 비난을 퍼부었다. 어떻게 여행객들을 안전하게 대피시켜야 할 사람이 자신만 먼저 대피하고 비상사태를 가르쳐 줄 생각조차 하지 않았느냐고….

남편 왈 “우리는 자식에게 아무것도 남겨줄 게 없어서 보험금이나 넘겨주려고 아예 탈출을 포기했었다고….” 그 말에 일행은 모두 폭소를 터뜨렸다. 그제야 아무 탈 없이 무사하게 위기에서 벗어났음을 진정으로 감사했다.

토론토에 있는 노숙자들의 집

나이아가라 주립공원에 깔린 파란 잔디는 카펫처럼 펼쳐져 있고 잘 가꾸어진 나무들이 잡지 속 그림처럼 말쑥하게 서 있다. 인위적인 힘이 가해진 아름다운 공원을 지나 수력발전 호에 가서는 수많은 오리 떼들이 한가하게 유영을 하고 있는 모습을 보았다. 아름다운 호숫가에서 흰 갈매기들이 날아와 휴식을 취하기도 하고 한가롭게 노닐기도 하였는데 사람의 접근이 전혀 두렵지 않다는 듯 평화롭게 옆으로 나가오는 새들을 보면서 그들의 눈에는 사람이 친구처럼 보이나 보다 하고 생각했다.

그곳에서 잠깐 휴식을 취한 다음 우리는 구 원예대학을 들러 한 시간 가까이 넓은 정원을 둘러보았다. 아름답게 가꾸어진 키 작은 꽃들과 미끈하게 잘 자란 나무들, 사람 키를 훌쩍 뛰어넘는 탐스런 꽃나무 옆에서 마치 스타나 된 듯 활짝 웃음을 머금고 너도나도 사진을 찍는 회원들이 무척 행복해 보였다. 우리는 다

토론토 전경

시 번화가로 나와 시내로 들어갔다.

토론토 시청 앞 나단 필립스 광장에는 수많은 사람들이 산책을 나와 있었다. 화려한 거리에서 가장 돋보이는 청사! 구관과 신관은 나란히 붙어 있는데 처음에는 신관이 너무 현대적이어서 구관과 잘 어울리지 않는다고 했으나 두 건물은 서로 마주 보는 연인처럼 하모니를 이루고 있었다. 청사 앞에 있는 연못은 분수대 겸 스케이트장으로 활용하고 음악회도 열고 있어 시민들의 사랑을 받고 있는 광장이다.

그럼에도 그곳에 또 하나의 역설을 불러일으키는 건물이 있었으니 그것은 바로 노숙자들의 집이었다. 마치 잘 지어진 빌딩 옆에 진을 치고 있는 천막들이 비단에 먹칠을 하듯 납작하게 엎디어 있다. 그들은 정부에서 생활비를 대주고 살 집을 마련해 주어도 마다하는 전혀 대책이 서지 않는 골칫거리 중의 하나란다. 그들이 쓰고 있는 화장품이나 립스틱은 최고급 용품이 많아서 정부에서 한 달에 120달러씩 지원해 주면 그날로 즉시 다 써 버리고 또 다시 전전긍긍 살아간다는 것이다.

하긴 미국의 할리우드 거리에서도 거지를 보았지만 극부와 극빈의 조화는 어쩌면 인간 세상의 한 축처럼 공존하는 것인지 모른다. 나는 그 아이러니한 모습을 보면서 강제 철거 명령 없이 그곳에서 살 수 있게 자유를 내 준 캐나다 정부에 먼저 호감이 갔다. 신관 청사는 원통을 자른 듯한 반원의 건물이 서로 마주보고 있었는데 초현대적 건물이 이스트 타워와 웨스트 타워로 조성되어 조화를 이루고 있다. 1965년 핀란드의 건축가 빌리오 레벨이 설계한 작품으로 아치형 건물 가운데 사람의 눈을 의미한 돔이 만들어져 있다.

라마 사원에 가면 사람의 눈이 상징적으로 그려져 있는데 부처가 세상을 굽어보고 있으므로 악행을 저지를 수 없다는 뜻처럼 온타리오주의 관료들도 시민이 지켜보는 눈이 있는 한 양심을 버릴 수 없다는 뜻이 아닐까? 신관 건물은 토론토에서 가장 독특한 건물로 언제나 많은 예술작품을 전시하는데 구관 청사도 당시에는 토론토뿐만 아니라 북미에서 가장 큰 건물이었는데 지금은 법원 청사로 쓰고 있었다.

귀로에 오르면서

8박 9일의 여정을 끝내고 귀국 비행기에 올라 그동안의 일정을 돌아보았다. 꽤 많은 나라를 여행했지만 캐나다만큼 청정한 자연을 지닌 나라가 없었고 웅장하고 광활한 대자연의 아름다움을 가진 나라도 드물었다. 캐나다의 에메랄드빛 물은 끊임없이 강과 바위를 휘감아 돌고 나무는 지척을 잴 수 없이 산과 들을 메우고 있었으며 해발 2,400m 수목 성장 한계선을 지키고 있는 바위들은 4계절 두꺼운 얼음 옷을 입고 있었으니 세계에서 두 번째로 큰 거대한 땅덩어리가 오로지 신비로운 자연의 기운을 휘감고 있는 청정국이었다.

신은 가진 자에게 더 많은 것을 부여하고 더 많은 자원을 누리게 하였으니 어느 세월에 그들과 같은 혜택을 누리며 살 수 있을지 답답했다. 곰곰이 생각해보면 우리에겐 물질보다 정신이, 양보다 질이 갖추어져 있으니 다행이다. 땅덩어리는 작지만 넓은 땅을 가진 나라와 대등한 관계에 있고 우수한 인재가 세계 곳곳에서 두각을 나타내고 있지 않은가?

캐나다는 천국처럼 느껴졌지만 토론토 시청 앞 광장에 있던 노숙자들의 집은 세상 사람들의 평범한 삶을 그대로 보여주고 있는 음지이다. 서로가 공존하며 살아가는 울타리 속에서 각각 독특한 문화를 가질 때 빛이 날 수 있듯이 우리는 우리나라만의 아름다운 문화를 지켜갈 때 세계 속에 우뚝 설 수 있겠다는 생각을 하며 그런대로 마음의 위안을 가졌다. 개똥밭에 굴러도 이승이 낫다는 말처럼 남의 나라가 아무리 좋으면 무얼 하겠는가. 8박 9일 동안 행복을 누렸으니 이제 다시 제자리로 돌아가야 할 때가 아닌가 싶어 내 마음은 벌써 한국에 가 있었다.

5

네팔 · 인도

꿈을 이루게 하는 꿈

네팔 · 인도 **(2006년 2월, 11일간 여행)**

힌두스탄이라고 하는 인도의 대륙은 거대했다.

깜빡거리는 불빛들이 끝없이 아슴아슴하게 펼쳐져 있는 대지를 내려다보면서 나는 가슴이 뭉클해 옴을 느꼈다. 꿈은 꿈을 실현하게 만든다는 평범한 진리를 확인하면서 그렇게도 염원했던 인도 땅을 드디어 밟아보는구나 하는 감회에 젖었다.

15여 년 전 머리털 나고 처음으로 유럽 여행을 하면서 이태리를 보았다. 그때 기독교 총 본산인 베드로 성당을 돌아보면서 불교인인 내가 인도를 보기 전에 가톨릭 문화유산을 먼저 보게 되었다는 것이 왠지 섭섭했다. 그래서 언제가 될지는 몰라도 꼭 한 번 인도를 여행하리라는 뜻을 그 자리에서 굳혔다. 그것이 이제야 실현되었다고 생각하니 인도 대륙이 예사롭게 보이지 않는다.

2500년 전, 부처님 생존 당시 흔적을 조금이라도 쫓아볼 수 있다는 설렘이 잔잔한 파동을 몰고 왔다. 언젠가 샌프란시스코에서 LA로 이동을 하며 수없이 뻗어 있던 미 대륙의 하이웨이에 감탄했던 것처럼 그 규모 못지않은 광활한 대지가 보였다. 하긴 한국의 33배나 되는 땅덩어리를 가진 나라이니 그럴 수밖에. 우리 일행은 8시간 동안 꼼짝없이 비행기에 갇혔다가 출구로 빠져나왔다. 각지에서 찾아오는 손님들을 맞기 위해 공항에서는 피켓 전쟁이 벌어진 듯했다. 멀뚱거리며 서 있는 두 눈이 일렬횡대로 주인을 기다리느라고 유독 반짝거렸다.

인도사원

대기하고 있던 버스는 우리 일행을 싣고 서서히 움직였다. 어둠 속에서도 도시의 케케묵은 건물들과 담장들이 마감을 하지 않은 공사 현장처럼 어수선하고 지저분하게 눈에 띄었다. 아무튼 인천공항에서 안개주의보에 걸렸던 우리들이 2시간 반의 연착 시간을 더하고 무사히 새벽 1시에 델리 호텔에 투숙할 수 있었던 데는 그저 감사할 수밖에….

네팔의 수도 카트만두로 떠나며

다음날 버스는 호텔 정문 앞에서 옴짝달싹하지 못했다. 여기저

힌두신

남근신

기 골목을 막고 있는 차량들이 빵빵거리며 누가 더 클랙슨을 잘 울리는지 경쟁을 하는 듯했다. 항의를 받고 옥신각신하던 버스가 앞으로 뒤로 몇 번 움직이더니 길이 뚫렸다. 땅덩어리가 크다는 나라도 자동차 전쟁엔 별수 없었다. 우리는 델리에서 비행기를 타고 2시간 만에 네팔의 수도 카트만두에 도착했다.

네팔은 인도의 북쪽 아리아계 종족들이 이주하여 살고 있어서 전체 인구의 대부분을 차지하고 있지만 주요 소수민족은 티베트계 네팔인이다. 중국이 티베트를 침략했을 때 탈출했던 난민들이 아직도 10만이나 살고 있으니 티베트 승려들에 의해 운영되고 있는 불교 사원들이 많다. GNP는 250불밖에 안 되는 가난한 나라지만 최상의 행복을 가져다준다는 '옴마니 반메훔'을 신봉하면서 착하게 살아가고 있어서 사람들이 선하게 보였다.

네팔의 수도 카트만두는 티베트와 인도 사이 무역 교통 거점도시다. 세계에서 가장 사원이 많은 그 도시엔 힌두교와 불교가 엄격히 구분되지 않는 사원들이

2,500여 개나 된다. 한때 티베트의 지배를 받았던 영향으로 네팔에는 티베트 불교(라마교)가 자연스레 정착되어 있었다. 도심 가운데에서도 장방형 또는 사각 면에 두 눈이 선명하게 그려져 있는 스투파가 5색 깃발을 만국기 날리듯 펄럭이고 있다. 네팔을 신의 나라라고 하는 이유는 만 명에 하나 꼴로 사원이 세워져 있기 때문이다.

인도 사원 에서 저자

근래에는 히말라야, 또는 안나푸르나봉을 오르는 등산객들이 세계 각처에서 몰려들어 많은 관광객들이 넘치고 있다. 자연이 낳은 걸작품 한둘만 있어도 관광수입을 높일 수 있는데 신은 우리에겐 그런 유산 하나 나누어주지 않았으니 야속하다. 그곳엔 카지노, 노래방, 술집 등 유흥업소가 있지만 인도에는 그런 것이 전혀 없다고 하니 훨씬 자유롭고 여유 있는 문화를 누리며 사는 나라가 네팔이었다.

진정한 의미의 삶

인간이 살아간다는 것은 어떤 의미를 내포하고 있는 것일까?

네팔의 수도 카트만두에 있는 파슈파트나트 사원을 찾아갔을 때 내 뇌리에 가장 먼저 떠오른 것은 바로 삶과 죽음의 문제였다. 살아있다고 해서 행복하다고만은 할 수 없고 죽는다고 모두 불행한 건 아니라는 것. 따라서 삶과 죽음의 문제, 행, 불행의 차이는 삶을 바라보는 시선에 따라 얼마든지 달라질 수 있다는 것을 그곳의 수행자들을 보며 생각했다.

처음 내 눈에 뜨인 사두(Sadhu, 깨달음을 얻기 위해 고행의 생애를 보내는 요가행자)들은 모두 헐벗고 굶주려 있는, 인간적 삶을 포기해 버린 사람들 같아 보였다. 금방이라도 쓰러질 것 같은 깡마른 체구들이 무위도식하며 세월을 허송하고 있는 듯 보였었다. 강 건너편에서는 죽어서 한 줄기 연기로 승천하는 사람이 있는가 하면 살아서 움직인다 해도 그보다 나을 것이 없어 보이는 남루한 사람들이 네팔의 사두들이었다. 죽은 자나 산 자나 다를 것이 없고 보니 오만스럽게도 서투른 우월감이 생겨서 그들을 내 잣대로 마음껏 폄하했었다.

네팔 사람들은 대부분 힌두교도들이다. 파슈파트나트 사원은 신도 이외의 외부인들은 모두 출입을 금지하고 있었다. 그들은 죽고 나면 화장을 하는 게 의례적인 관례인데 사원 옆에는 조그만 가트(화장터)가 있었다. 다리 위쪽은 왕족이나 귀족, 아래쪽은 서민들의 화장터이다.

파슈파트나트 사원의 화장터

그곳에 도착했을 때 나는 사람 태우는 냄새가 너무 지독하여 코를 틀어막고 다녔다. 매캐한 연기가 진동하고 있는 화장터에서 인간도 죽고 나면 하찮은 쓰레기에 불과하다는 것을 두 눈으로 똑똑히 본 셈이다. 그 냄새는 심리적인 충격과 함께 코를 막지 않고는 버텨낼 수가 없었다.

둑 아래에서는 우중충한 개천물이 흘렀다. 이미 몇 구의 시신을 화장하고 또 한 구의 시체를 태우려는지 나뭇단 위에 죽은 사람을 올려놓고 가족들이 그 둘레에 서 있었다. 그들은 얼기설기 쌓은 장작더미 위에 성수와 향나무, 꽃들을 뿌린 다음 주변을 몇 바퀴 돌고 나서 불을 붙였다. 옆에 서 있는 사람들은 모두 무

표정하다. 다만 고인의 측근들 몇몇만이 슬픔을 감출 뿐이다. 시신을 태우면 육골 가루는 둑 아래 개천에다 뿌리는데 그 물이 갠지스강으로 흘러드는 바그마티 강물이어서 죽은 영혼을 말끔하게 씻어줄 성수라고 믿는다. 강가엔 아무렇게나 놓여 있는 소와 개들도 보였다.

네팔은 작고 가난한 나라지만 비교적 깨끗했다. 사두란 사람들은 간혹 웃통을 벗거나 허름한 옷을 입은 채 길가에 털썩 주저앉아 좌담을 벌이다가 우리와 눈이 마주치면 그리로 와 앉으라고 손짓을 했다. 나무로 만든 단상 위에 좌정한 노인은 엉클어진 머리채를 길게 풀어헤친 채 금방이라도 쓰러질 것만 같은 모습으로 허공을 주시하고 있다.

담벽 아래 길게 늘어서 있는 사원 층계 옆에서는 명상에 잠겨 있는 사람, 둥글게 원을 그리고 서서 논쟁을 벌이는 패거리. 검은 피부에 흰 가루를 분지르고 실 한 올 걸치지 않은 채 주문을 외는 사람도 있다. 관광객들이 수시로 오가는 복잡한 장소에서 그들은 도대체 어떻게 수도를 할 수 있으며 무엇을 깨칠 수 있단 말인가.

경내엔 콘크리트로 지은 조그만 사당이 있었다. 남아선호사상은 우리나라에서만 있던 문제는 아니었다. 동해에 가면 해신당에 남근을 걸어두고 해마다 제를 올리는데 그곳에서도 힌두사원 안에 돌로 깎은 남근상이 모셔져 있었다. 힌두교도들은 '옴마니 반메훔'이란 경구를 최고의 가치로 믿는단다. 밀교에서 나온 그 말은 남성과 여성이 없으면 아무런 즐거움도 없다는 뜻으로 이 세상에 그것처럼 신성한 법이 없다는 의미를 가진다. 하긴 하나의 성만 지구상에 존재한다면 인류는 금방 멸종하고 말테니 그 법에도 일리는 있을 듯하다. 그들은 하나같이 부귀나 영화 같은 것은 안중에 없고 평범한 쾌락마저도 소용 가치가 없다고 느끼는지 그 이상한 환경 속에서도 행복한 얼굴들이었다. 철저하게 자신들의 신앙에 빠져 정신적 가치를 추구하고 무소유를 실천하면서 최상의 행복을 누리는 사람들이다. 윤회를 믿으니 죽음은 뭐가 두려울 것이며 살아있음은 뭐 그리 대단한 일이라고 생각하겠는가?

삶과 죽음은 동전 하나의 양면과 같은 것! 물질적으로 풍요롭다고 해서 그것을 행복으로 알고 천박하고 헐벗었다고 해서 남루를 불행으로만 알았던 나와는 전혀 다른 세상을 살고 있는 그들이다. 그래서인지 1차적인 것만 보았을 뿐 그 이상은 보지 못했던 내 편협한 생각은 시간이 지날수록 자꾸 나를 부끄럽게 만들었다.

살아있어도 행복을 모르는 사람은 채워지지 않는 욕망의 바다에 불을 지피고 사는 사람들일 것이다. 천상병 시인은 이 세상을 소풍 나왔다 가는 것처럼 행복하게 살다간다고 했는데 모든 사람들이 그렇게 욕심 없이 산다면 행복하지 않은 이가 없을 것이다. 부끄럽게도 외관으로만 보이는 모든 것을 내 방식에 의해 평가하려 했으니 어찌 그들의 삶과 죽음을 제대로 간파했겠는가. 비록 뿌리는 더러운 진흙에 묻혀 있다 하더라도 아름다운 꽃을 피울 수 있는 연꽃처럼 해맑은 정신세계에 들면 삶과 죽음은 두 개가 아닌 하나로 보이는 게 아닐까 생각했다.

비운의 여신 쿠마리

카트만두의 더르바르 광장 남쪽에 위치해 있는 쿠마리 사원은 비운의 여신을 모시고 있는 희한한 곳이다. 500년 전에 지었다는 그 건물은 말라 왕조의 마지막 왕에 의해 18세기 중엽에 건축된 것으로 힌두교와 불교 양식이 혼합된 목조 건물이다. 그곳에 사는 쿠마리의 일생은 여신 탈레주에 의해 만들어진 인생이나 다름없다. 5~8세 된 여자 어린아이를 7일 동안 방에 가둬놓고 캄캄한 밤중에 소, 닭, 돼지, 양 등 피가 묻은 짐승의 머리를 아이 방에 놓아두고 나와도 놀라지 않고 그보다 더한 모험을 견뎌 낸 아이는 신으로 추대한다니 야릇한 일이다.

지금도 맨 위 3층 건물 안에는 쿠마리가 살고 있는데 그 아이는 네왈리족의 카스트를 지녀야 하며 샤카(석가모니)족 출신이어야만 신이 될 자격이 주어진다. 사원에 머무는 동안은 정규교육을 받을 수가 없고 미모가 출중해야 하며 부모의 동의를 얻어야만

쿠마리 사원

한다. 그렇게 쿠마리로 선발된 아이는 초경을 치를 때까지 신으로 모셔지는데 몸에서 피가 나거나 첫 생리가 시작되면 쿠마리로서의 자격을 박탈당하게 된다. 쿠마리의 생활이 끝나 집으로 돌아가도 '귀신이 붙은 여자'라 하여 어디에서도 반기지 않는다. 그와 함께 지내면 모두 죽게 된다는 낭설 때문에 아무도 모르는 곳에서 일생을 비참하게 살 수밖에 없다.

자신도 모르는 사이 자신의 운명이 매매되는 그런 끔찍한 일이 지금도 세상 한구석에서 벌어지고 있다는 사실이 나는 믿기지 않았다. 쿠마리는 사원 밖을 전혀 나올 수 없어 세상과 격리된 삶을 살아가야 하는 것이다. 단지 쿠마리가 된 10여 년간은 나라에서 부모에게 생활비를 대주고 해마다 9월에 열리는 인드라자트라 축제의 주인공으로 떠받들려 국왕의 대접을 받게 될 뿐이다.

그때는 짙은 화장을 하고 이마에 '티카'라는 제3의 눈을 그린 후 신으로 군림할 수 있게 되는데 '티카'는 삼라만상의 모든 이치와 법을 꿰뚫어 볼 수 있는 신성한 눈을 말한다. 그러한 제도를 시행하게 된 데는 신화에 의해 유래되었다고 한다. 옛날 힌두의 탈레주라는 여신은 인간의 몸을 빌어 카트만두에 내려오게 되었다. 그런데 그의 미모에 반한 제왕이 그만 이성을 잃고 신을 범하려 하자 탈레주는 분노하여 이승을 떠나버린다. 그후 여신은 돌아오지 않고 다만 왕에게 초경을 치르지 않은 순수한 여자아이를 뽑아 자신의 분신처럼 생각하고 극진히 섬기라는 명을 내렸다. 그 지시에 따라 쿠마리를 뽑게 되었다는 이야기도 있고 16세기 말라 왕조의 번영을 위해서 신을 모시게 되었다는 말도 있다.

우리나라에서도 풍어제를 지내면서 마을의 처녀를 해마다 제물로 바쳐 온 예가 있는데 이곳에도 그렇게 희생되는 여자가 있다는 것이 안타까웠다. 결국 여신 탈레주의 현신이 된 쿠마리는 평생을 불행하게 살아야 하는 것이 아닌가. 그런 줄 알면서도 어떻게 부모는 자신의 딸을 쿠마리로 보낼 수 있는 걸까? 또 나라에서는 어떻게 그 비윤리적인 제도를 합법적으로 인정할 수 있는지 알다가도 모를 일이다. 한 인간의 운명을 제3자가 아무렇게나 바꿔놓아도 된다는 말인가? 인간의 존엄성을 상실한 쿠마리가 너무 가여워 나는 그 엄청난 사실이 여행하는 동안 내내 가시처럼 목에 걸려 있었다.

5색 깃발을 두른 불교사원

네팔에서 가장 큰 사리탑을 볼 수 있는 보드나트 사원은 티베트 난민들이 가장 신성시 여기는 곳이다. 그곳에 있는 불교사원은 모두 라마교 형식을 따르고 있는데 라마교는 7~8세기 북인도에서 네팔로 들어왔던 불교와 티베트의 민족종교 '뵌'을 합한 밀교가 바탕을 이룬다. 네팔 불교에서는 경구가 쓰여진 5색 깃발과 법안이 그려진 높은 불탑, 빙글빙글 돌아가는 큰 깡통 모양의 마니차를 볼 수 있는 게 특징이다. 불탑에 그려진 두 눈은 세상의 옳고 그름을 굽어보는 부처의 눈이고 세계가 하나라는 물음표 모양의 코가 있다. 이마에는 부처님의 터럭과 같은 백호가 그려져 있는데 이 점은 전생과 내생을 꿰뚫어 볼 수 있는 카르마 즉 법안이라고도 한다.

그곳 사원 입구에는 높이 솟아 있는 스투파에서 사방으로 이어진 5색 깃발이 만국기처럼 휘날리고 있다. 빨강, 노랑, 파랑, 초

보드나트 사원의 깃발

록, 흰색 천에다 경구를 써 넣은 것인데 그 깃발은 지·수·화·풍 그리고 영혼의 5가지 원소를 나타내는 것이다. 그뿐 아니라 둥근 스투파 하단에 마니차가 계속 설치되어 있어서 성지 순례객들은 탑돌이를 하면서 그것들을 돌려대곤 했다. 마니차를 한 번 돌리면 경전 1권을 읽는 것과 똑같은 공을 쌓는다나? 그날도 마치 걷기대회에 참가한 선수들처럼 순례객들이 거리를 빼곡히 메운 채 탑돌이를 하고 있었다. 그 북새통에 앉아서도 갈색 법복을 입은 승려들은 불경을 외우기도 하고 이야기를 나누기도 하였는데 그 앞에 놓인 돈이 헌금인지 적선을 받은 것처럼 위장한 것인지 분간할 수가 없었다.

땡중처럼 보이는 승려들에게서 어떤 진중함이나 고매한 품격은 보이지 않았다. 아수라장 속에서 오히려 형식적인 승려 행위를 하는 것 같았다. 그래도 그곳을 찾아갔으니 우리도 탑돌이를 해야 되지 않겠나 싶어 탑 위로 올라가 큰 원을 한 바퀴 돌았다. 저녁 햇살을 받고 있는 사원 옆에는 티베트 난민들의 상점이 진을 치고 있는데 불기며 염주, 향, 선물들을 사고파는 사람들이 많았다.

보드나트 사원은 15세기 후반에 마나데바왕이 아버지를 살해한 후 속죄를 하는 뜻에서 지었다는 설도 있고 왕에게 물소 한 마리로 덮을 수 있는 땅을 약속받고 고기를 얇게 썰어 넓은 땅을 얻게 된 노파가 그곳에 불교 사원을 지었다는 전설도 있다. 우리는 그곳에서 나와 네팔에서 가장 오래되었다는 스와얌부나트 사원을 찾아갔다. 2000년의 역사를 자랑하는 이 사원은 좁은 언덕길을 한참 올라가야 그 규모를 확인할 수 있는데 유네스코에 등록되어 있는 보물이다. 룸비니 다음으로 신성시 여기는 곳이다.

그 입구에도 역시 법안을 그린 장방형의 스투파가 5색기를 늘어뜨리고 높이 세워져 있었다. 부처님이 깨달음을 얻었을 때와 거의 같은 시기에 지어졌다는 목조건물과 석조건물들이 한데 어우러져 긴 역사를 자랑하고 있고 부처님 입상도 새겨져 있다. 그런데 주변에 야생 원숭이들이 살고 있어서 외국인들에게는 몽키 템플로 더 잘 알려진 곳이다. 사원 앞마당에는 부처님이 다녀가신 것을 기념하기 위해 세웠던 아소카왕의 탑들도 건재하게 남아 있다. 그 당시의 스투파들은 모두 교단처럼 나지막하게 세워졌다는 걸 룸비니에 가서도 볼 수 있었다.

사원에서는 여인들이 쌀, 꽃, 향과 같은 제물을 담느라 부산하고 장명등과 같은 기름 등을 밝힌 촛불 제단이 마낭에 놓인 채 저 홀로 타고 있었다. 입구에는 임종 직전의 개 한 마리가 숨이 끊어질 듯 헐떡거리고 있어 보는 사람의 마음을 아프게 했다. 그 놈도 신성하다는 사원 옆에서 숨을 거두어야 내세에 좋은 세상에 태어난다고 믿어져 거기까지 왔는지 모를 일이다. 아무튼 네팔인들은 대부분 힌두교도들이라는데 불교 사원만은 티베트 승려들에 의해서 운영되는 라마사원이 많아서 불교 사원인지 아닌지는 5색 깃발로 금방 알아낼 수 있었다.

에베레스트여 영원하라!

사가르마타 국립공원 내의 에베레스트는 세계문화유산으로 등재되어 있는 산이다. 티베트 고원과 인도의 힌두스탄을 가로지르는 히말라야산맥은 서쪽 낭가파르바트산과 동쪽의 남차바르와 산을 잇고 있는데 중간 지점에 세계에서 가장 높은 에베레스트산이 우뚝 솟아 있다. 그 산은 등반을 허용한 지 62년 동안 무려 270명의 목숨을 앗아갔다고 하니 악명 높은 죽음의 산으로 불리기도 한다.

지금도 세계 각국의 등반대원들은 이 산의 정상 정복의 꿈을 버리지 못하고 도전하고 있다. 도대체 에베레스트산이 산악인들에게 어떤 의미를 주기에 목숨까지 내놓을 각오를 하는지 그 저의가 궁금할 뿐이다. 더구나 에베레스트를 등반하자면 1인당 많은 돈이 소요된다는데 네팔을 여행하면서 그 산을 두 번이나 보게 된 나는 대단한 경비를 번 셈이었다.

트리부반 공항은 아침부터 붐비기 시작했다. 우리 일행은 약 2시간 반 동안 지루하게 기다리다가 대기실을 빠져나올 수 있었다. 프로펠러가 커다랗게 달려 있는 덩치 큰 비행기는 등산대원들의 장비를 베이스캠프까지 실어 나르다가 상처를 입은 모양이다. 한쪽 날개를 붕대로 동여맨 채 치료를 받고 있었다. 그것에 비해 우리가 탈 경비행기는 장난감 같은 18인승 부다가야 전세기였다. 안으로 올라가니 내 좌석은 하필 프로펠러 위쪽이었다. 안내원은 간단한 귀마개와 사탕을 나누어 준 뒤 출발을 서둘렀다.

비행기가 활주로를 이탈하자 멀리 시가지가 내려다보였다. 숲이 잘 가꾸어진 환경이라야 쾌적한 주거 공간이 되는데 건물과 건물 사이에 전혀 나무가 심어져 있지 않아 고원지대의 삭막함이 느껴졌다. 더구나 높이 솟아 있는 굴뚝에서 흘러나오는 매연 때문에 3, 4층 벽돌 건물들이 들어선 도시가 뿌옇게 보여 화장터가 주범인 줄 알았더니 벽돌 공장에서 뿜어내는 연기였다.

그 잿빛 하늘을 벗어나니 파란 하늘이 청명했다. 구름 위에 또 구름이, 하늘 위에 또 하늘이 겹쳐 있는 곳을 30여 분이나 날아올랐을까, 대단히 높은 고도 위에서 내려다본 지상의 풍경은 흐릿했다. 점을 찍어 놓은 듯 성냥갑 같은 집들이 띄엄띄엄 보이고 그리로 실을 풀어놓은 듯한 길들이 정물처럼 드러나 있다. 도대체 그곳에 사는 사람들은 생필품을 어떻게 운반하는지, 무얼 먹고 사는지 궁금했다. 하긴 그랜드캐니언의 암석 위에 사는 인디언들은 국가에서 비행기로 식재료를 날라다 주지만 네팔은 가난한 나라이니 그렇게 할 수도 없을 것이다. 공연히 그들이 걱정되었다.

안내원은 설봉이 그려진 지도를 나누어 주면서 일일이 손가락으로 실물을 가르쳐 주었다. 히말라야산맥은 대형 지붕들을 일렬 횡대로 펼쳐 놓은 모양이었다. 헉슬리가 말한 신세계를 몇 층의 하늘 위에다 세워 놓은 듯 에메랄드빛 하늘엔 티 한 점 없고 만년설이 덮인 거대한 설봉만 하늘을 찌르고 있었다. 전세기 아래 낭떠러지에서는 지옥의 계곡들이 층층이 쌓여 있다.

히말라야에는 8,000m가 넘는 봉우리들이 14개나 들어서 있는데 그중 네팔 경내에 있는 것이 9개다. 칸첸중가, 마칼루, 로체, 에베레스트, 초오유, 시샤팡마가 그 속에서 서로서로 키 재기를 하고 있다. 난대 식물과 고산식물이 살고 있는 산악지대, 깊게 팬 계곡, 눈 덮인 습곡, 빙하지대를 날고 있으려니 우리들이 참으로 축복받은 사람들이란 생각이 들었다.

40을 넘으면서 나는 유럽의 많은 나라들을 여행했다. 그러나 파란 하늘을 드리운 그 눈부신 히말라야 상봉을 직접 볼 수 있는 사람이 대한민국에 과연 몇 명이나 될 것인가. 햇살에 반사되어 더욱 영롱해 보이는 설산을 날아올라 1시간 30분 동안 순회하며 신이 만들어 놓은 조각품을 감상하던 기분은 더없이 행복했다. 그래서 주문을 외우듯 "대 히말라야여! 에베레스트여! 영원하라!" 기도를 드렸다.

다행히 나는 그 장관을 다음날 인도로 가면서 다시 만날 수 있었다. 그러나 10여 년이 지나며 그날의 기억은 점차 바래져 갔는데 얼마 전 영화 「히말라야」를 감상하면서 다시 생생하게 옛

날을 떠올릴 수 있었다. 주인공 엄홍길 대장이 등산대원들을 이끌고 날선 협곡을 오르는 과정을 지켜보니 어제인 듯 현장감이 뚜렷이 다가왔다. 살을 에는 듯한 추위와 눈보라 속에서 치열하게 사투를 벌이던 동지들, 그중 두 명이 싸늘한 시체로 돌아오자 돌덩이 같은 육신을 이끌고 하산하는 대원들의 눈물겨운 모습은 허탈과 증오심을 불러왔다. 그들은 산을 오르기 전 텐트에 누워 다음과 같은 대화를 나누기도 했었다.

"나 같은 보통 사람이 불가능한 꿈에 도전하는 걸 보여주면 애들도 꿈을 키울 수 있을 거야."

히말라야 등정은 나약한 인간을 시험하는 또 다른 삶의 현장이었다. 인간의 한계점을 드러내 놓고 세상이 얼마큼 무서운가를 보여주고 있는데도 죽음에 대한 두려움 없이 도전을 일삼는 산악인들이 꼭 '시시포스의 돌'로 보였다. 요즘도 그들은 투철하게 정신 무장을 하고 산에 오르기를 꿈꿀 것이다.

어쩌면 네팔을 신의 나라라고 부르는 것도 2,500여 개의 사원을 가지고 있는데다 불가능에 대한 외경, 불가능에 대한 복종, 불가능에 대한 도전을 꿈꾸는 사람들이 있어서 붙여진 이름이 아닐까. 오래전 내가 본 에베레스트가 동경의 물상이 빚어낸 아름다움이었다면 영화 「히말라야」에서 본 에베레스트는 인간의 정신이 살아있음을 증명해 준 뼈아픈 고통이었다. 그렇게 에베레스트는 삶과 죽음의 양면을 동시에 보여주던 악의 꽃이었다.

네팔에서 인도 국경을 넘으며

네팔에서 인도 국경을 넘어가는데 도로에는 아소카나무, 망고나무, 대나무, 님나무들이 늘어서 있다. 들판에는 보리밭이 끝없이 이어져 있고 유채꽃이 만발해 있다. 거리마다 소들이 혼자 어정거린다. 빈들거리는 소는 주인이 있는 것도 있지만 없는 것도 많다. 네팔의 문화나 인도는 비슷한 점이 많은데 그것은 종교의 영향 때문인 듯하다.

인도인들은 소를 어머니로 생각한다. 사람처럼 10달 동안 임신을 하는 것도 그렇지만 많은 일을 대신 해 주고 많은 이익을 인간에게 주니 신앙의 대상이 되고 있다. 소를 도축하게 되면 벌금을 물거나 형벌을 받게 되어 있다. 그들은 인가 부근에다 소똥을 기왓장처럼 빚어서 쌓아 놓고 연료로 쓴다. 소똥은 해독 작용을 하여서 집 벽에다 바르면 벌레가 침입을 못 한다니 그들에겐 없어서는 안 될 소중한 동물이다.

인도에서는 암소, 황소, 물소들이 사람과 어울려 활보한다. 버젓이 상가 안에 들어가 앉아 있어도 쫓아내지 않고 골목골목 소들이 진을 치고 있어도 누구 한 사람 불평하지 않는다. 복잡한 도심 거리에서 눈에 뜨이는 게 모두 소다. 한 발이 잘려나간 소가 절룩거리며 걷고 있는 모습도 보인다. 인도의 소는 잡식성이다. 사람들이 먹는 음식물을 먹여 길러서 도심지의 거리에서도 끄떡없이 산다. 한국의 소는 죽도록 일을 하고 살점, 가죽, 뼈까지 바쳐도 고마워할 줄 모르는데 인도의 소는 신처럼 모셔지고 있으니 소로 태어나려면 인도로 가야 할 판이다.

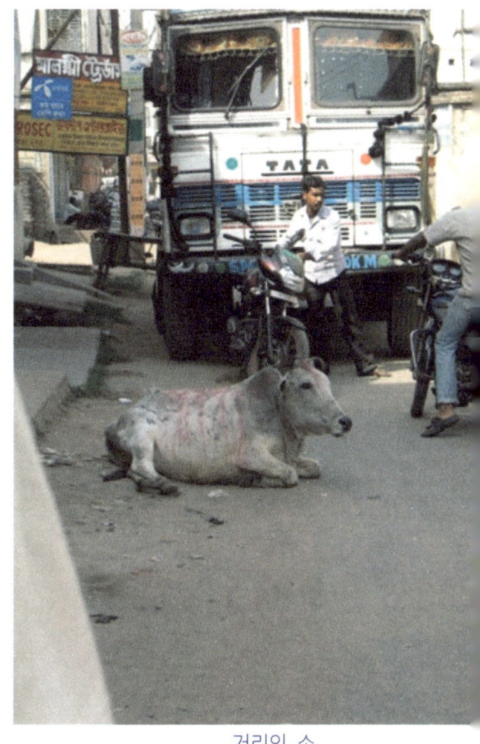

거리의 소

인도에는 아직도 카스트제도(계급문화)가 살아있다. 대도시로 갈수록 그런 양상이 줄어들지만 당신의 계급이 뭐요? 하고 물으면 브라흐만, 크샤트리아, 바이샤, 수드라 중 하나를 댄다. 노예만도 못한 것은 불가촉천민이다. 혼인도 같은 계급끼리 하는 건 괜찮지만 여자가 자기보다 아래 계급의 남자와 결혼하는 경우는 드물다. 여자들은 지참금이 없으면 시집을 가지 못하니 딸을 낳으면 부지런히 돈을 벌어야 할 것 같았다. 예전에는 '사티'라고 해서

인도 거리

남편이 죽으면 아내도 무덤에 함께 들어가야 했는데 요즈음은 그런 관습이 점점 사라져가고 있다.

우리는 네팔에서 바라나시까지 10시간을 버스로 이동했다. 점심을 길가의 주막집 같은 간이음식점에서 먹었다. 앉고 싶지 않을 만큼 때가 쪼록쪼록 묻은 지저분한 플라스틱 의자와 나무로 만든 평상이 꺼림직했지만 감수하는 수밖에…. 각자 호텔에서 싸 준 도시락과 가져간 라면, 김치들을 먹었고 몇몇 사람은 인도음식 '탈리'를 시켰다. 카레가 들어간 스프 종류와 야채 볶음 같은 것이 접시에 나왔다. 인도의 쌀은 전혀 기름기가 없는 가는 국수 모양인데 우리나라의 소면을 잘라놓은 듯하다. 그것을 오른손으로 비벼 먹는다. 왼손은 말할 것도 없이 뒷물하는데 쓰이니까 음식상 앞에서는 다소곳하다. 그들이 먹는 '난'이라는 밀떡은 예전에 엄마가 국수를 밀고 나머지를 불에 구워주시던 것과 같아 어린 날의 향수 때문에 나도 인도를 여행하면서 계속 즐겨먹었다.

밤이 깊어지면서 졸음이 왔다. 어디선가 악단 지나가는 소리가 들렸다. 인도는 결혼식을 주로 밤에 한다. 대개 신랑은 신부 집 근처에 먼저 가서 기다리고 신랑집 친척들과 친구들이 신부네 집으로 가면서 악기를 두드리고 춤을 추면서 행진하듯 이동한다. 축제는 일주일 동안 이어지는데 그 경비는 모두 신부 측에서 부담한다. 그 밤에만도 서너 쌍이 혼례를 치렀는지 쿵쿵쾅쾅 요란한 소리를 내며 지나갔다. 인도인들은 82%가 힌두교도, 11%가 이스람교, 시크교도도 3%나 있다. 터번을 쓰고 다니는 사람들은 모두 시크교도. 이슬람교도들은 1부 다처제가 허용되지만 힌두교도들은 1부 1처제여서 이혼율은 거의 볼 수가 없다.

바라나시로 가는 도중 웃다르바르데스 옆 비하르주를 지나 구락불을 지났는데 그곳에서 2시간 정도 들어가면 부처님의 열반지 쿠시나가라가 나온다. '구락'이란 말이 붙으면 힌두교도들만의 도시이고 '바드'가 붙으면 이슬람교도들만의 도시란다. 밤 10시가 넘어 10시간 만에 호텔에 도착하기까지 버스기사들은 간이 콩알만 해지는 곡예 운전을 했다. 인도의 도로는 모두 2자선의 좁은 도로인데 그 한가운데를 마주보고 달려가다 코앞에 직면하면 서로 아슬아슬하게 비껴가는 통에 연신 가슴이 조마조마하곤 했다. 그러다가 혹 서로 사인이 맞지 않으면 10년 감수 나무아미타불로 끝나는 게 아닌가 싶다. 그 무슨 스릴을 즐기는지.

최첨단 성 교훈서 카마수트라

새벽 4시 기상. 힌두교도들의 연례축제가 있는 날이라 교통 혼잡을 대비해 일찍 호텔을 빠져나왔다. 카주라호로 가기 위해 지프 3대가 움직였지만 예정 시간이 12시간이라니 말만 들어도 하품이 나온다. 종일 길 위에서 시간을 보내야 할 판이다. 1시간 30분이나 움직였을까 덤프트럭 3대가 나란히 길을 가로 막고 서 있어 오도 가도 못하게 생겼다. 이 나라엔 법도 질서도 없다.

지나가던 주민이 멈춰 있는 차 안을 살핀다. 그때 대여섯 살 된 꼬마 아이가 다가와 얼른 사탕을 꺼내 주었다. 조금 있으려니 이번엔 초등학교 5, 6학년쯤 되어 보이는 여자아이가 기웃거린다. 학생인 것 같아 볼펜을 꺼내 주었더니 얼굴이 환해진다. 그런데 이게 웬일인가. 순식간에 차창 밖으로 어린애들이 한 떼거리가 몰려와 아우성을 치는 것이다. 사탕과 초콜릿은 이미 바닥이 났는데 모두 볼펜을 달라고 자신의 손바닥에 pen을 써 보이며 제비 새끼처럼 소리친다. 아침에 가지고 나온 10자루의 볼펜과 동료 볼펜 5자루까지 금세 동이 났다. 길 가던 노인네에겐 어쩔 수 없이 호텔에서 나누어 준 점심 도시락까지 털어주었다. 마을 청년들도 소문을 들었는지 뭔가 흉내를 내는 걸 보니 아마도 사진을 찍고 싶다는 뜻인 것 같다. 그때 염치없는 트럭 기사가 나타나 차를 빼 주어 우리들은 모여 있던 아이들만 남기고 1시간 20분 만에 그곳을 떠나올 수 있었다.

넓은 벌판은 끝도 없이 이어진다. 간혹 민가를 지나칠 때도 있는데 모두 우리나라 50년대 농가 풍경이다. 가다가 자이를 한 잔씩 마시기도 하고 노상 방뇨를 하기도 했다. 도중에 상가를 지나면서 귤과 포도를 사 먹었는데 모두 배탈이 났다. 우리는 그들과 같은 면역력이 부족한 모양이다. 점심은 도시락으로 해결하고, 그렇게 12시간을 달려 오후 4시쯤 호텔에 도착했다. 아름다운 꽃들이 잘 가꾸어진 정원을 보자 모두 환호성을 울렸다.

놓칠세라. 정원 산책을 포기할 수는 없었다. 인도는 첫날부터 가는 곳마다 부겐베리아가 탐스럽게 피어 있어 우리의 눈을 즐겁게 했다. 그 호텔 앞 정원에도 풀장이 마련되어 있었는데 빨강, 노랑, 핑크빛 부겐베리아가 정신없이 유혹의 손을 뻗쳤다.

부겐베리아

최첨단 성 교훈서 카마수트라

1100년 전 불교가 흥하고 힌두가 퇴화되자 힌두의 흥기를 일으키기 위해 교세의 수단으로 이용했던 것이 바로 섹스였다나? 도대체 믿어지지 않는 설명을 들으며 계속 고개를 갸우뚱거렸다. 왜 하필 섹스였을까? 이미 4세기 굽타왕조 때 쓰였던 카마수트라는 즐거운 삶의 방식인 섹스에 관한 지침서였다. 그렇다고 해도 도대체 모든 사람들이 신성시하는 사원에 웬 민망한 조각상을 8천 4백 가지나 쏟아 놓다니… 에로틱 사원은 10세기 중엽 라지푸트족인 찬드라 왕조의 발상으로 건축을 하게 되는데 이 사원에는 고대 인도의 사리, 의상 디자인, 목걸이, 핸드백 등 인도의 생활상과 동성연애, 동물과의 교합상 등이 고스란히 나타나 있다. 그중에서도 가장 시선을 끄는 것은 여인의 커다란 궁둥이와 테니스공처럼 튀어나온 젖가슴인데 그 섹시한 미녀들과 성적 교합을 이룬 모습이 미투나상(남녀교합)이다.

신화에 의하면 달의 신 찬드라가 과부 헤마바티의 아름다움에 매료되어 가슴 졸이다 어느 날 그녀와 회포를 풀고 떠나면서 '당신이 낳은 아이는 독실한 신앙심을 지닌 천하의 지배자가 될 것이며 그 후손들은 수많은 사원을 지을 것'이라고 예언했다. 그 아이는 물론 찬드라 왕조의 창시자 찬드라 뜨레인(달의 아들)인데 무사 출신의 찬드라 왕조는 500년 동안 동서남북으로 수많은 영토를 확장하고 눈부신 세력을 이끌었으나 회교 세력에 무너지게 된다. 그래도 한때 수도로 삼았던 카주라호에 당대의 왕 아소바마나가 불과 100년 사이에 84개나 되는 사원을 지을 수 있었다는 것은 불가사의한 일이다. 더구나 도시가 형성되지 않았던 외진 곳에다 20km나 떨어진 강가에서 사암을 가져다 깎고 세우고 하는 작업을 했다니 얼마나 많은 인부가 필요했을까. 84개의 사원은 지금 22개밖에 남아 있지 않지만 이 사원들은 남녀의 결합을 신과 지상 존재의 합일로 보고 밀교의 탄트라 경전 숭배사상을 반영하고 있다.

교합상

카마슈트라 사원

그 당시 힌두사원에서는 대체로 시바신과 비슈누신을 모시고 있었는데 입구로 들어서면 웨스텐 그룹사원으로 시바신의 3번째 화신 멧돼지를 모시고 있고 메탄게스바라 사원 안에는 2.5m 되는 남근이 모셔져 있다. 가장 에로틱한 조각이 많이 있는 칸다리아 마하데브 사원과 자가담비카 사원은 예술성이 가장 뛰어난 아름다운 건물로 900여 개가 넘는 수만 가지 조각이 새겨져 있는데 그중 남녀 교합상이 가장 많이 새겨진 곳이기도 하다.

힌두교는 일원적 다신 교리를 가지고 있어서 생과 사의 윤회관, 영겁의 시간관념, 정(靜)의 관념을 같은 방식으로 본다고 했다. 결국 빛이 있고서 그늘이 있고 창조가 있어야 죽음이 있으며 남자가 있고서야 여자가 있는 것처럼 양자는 서로 보완적인 관계이면서 하나의 양면에 불과하다는 사상이다. 그러니 선과 악, 빛과 어둠과 같은 것도 이원적 대비가 아니듯이 고도의 추상적인 철학도 당면한 현세 이익을 바라는 주술적 의례와 같아서 색(色)과 공(空), 동(動)과 정(靜)을 불이(不二)의 존재로 보는 것이다. 그래서 극과 극은 서로가 같다고 보는 것이니 인간의 성도 그렇게 보지 않았겠나 싶다.

그들은 섹스를 인간의 원형인 본능으로 보았을 것이다. 다만 그것을 어떻게 일상화 하느냐가 문제 될 뿐 섹스 자체가 추악하지는 않다고 보았으니 힌두인들은 성의 선구자라고도 볼 수 있다. 그럼에도 간디는 카주라호의 사원들을 모두 때려 부수고 싶다고 말했다니 그 심정이 이해는 간다. 우리는 라자스탄을 넘어 자이프르로 가는 도중 초라하기 그지없는 촌락을 지나면서 민가와 같이 어우러져 있는 홍등가를 볼 수 있었다. 빨간 깃대를 높이 꽂은 집이 창녀의 집이라니 그곳에도 사람의 체취가 묻어 있는 세상이라 별수 없나 보다. 하긴 태초에 에덴동산에서도 아담과 이브가 선악과를 따먹었지 않았던가. 인도가 성의 최첨단을 걸었음에도 사회적으로 별문제가 없었던 건 우리들이 생각하고 있는 난잡한 성이 아닌 그들 중심의 기준이 있다는 것을 입증하고 있는 것이다.

사랑의 기념비 타지마할

22년 동안 라자스탄에 있는 마카라나에서 사암을 가져와 하루에 인부 2만여 명과 코끼리 1,000여 마리를 동원해 왕비의 묘지 위에 사원을 지은 사람! 누구보다도 사랑했던 아내였기에 신마저도 시샘할, 세상에 단 하나밖에 없는 아름답고 웅장한 묘지를 세우고 싶었던 사자한의 마음을 나는 이해한다. 그러나 궁정의 일은 돌보지 않고 백성들의 원성을 사면서 오로지 죽은 아내만을 위해 생사를 걸었던 충성심을 과연 지하에 묻혀 있던 뭄타즈 마할도 반가워했을까. 나는 한 인간의 집착이 얼마나 무서운가를 인도에 가서 '마할의 왕관'을 보며 느낄 수 있었다.

인도를 대표할 수 있는 상징물! 이슬람과 힌두 양식의 절묘한 혼합체 타지마할은 세계에서 가장 아름답기로 유명한 영혼의 궁전이다. 그 건물은 불가사의할 만큼 짧은 시일 내에 지어졌지만 예술적인 미의 극치를 유감없이 발휘하고 있다. 11개의 돔 뒤에 또 11개의 돔형 지붕이 들어서 있어서 1년에 한 개씩 돔을 건축했다고도 볼 수 있는데 중앙의 팔각 건물 네 귀퉁이에 42m의 첨탑이 세워져 있어 기하학적으로 완벽한 대칭미를 보여준다. 아라베스크와 갈매기 무늬, 여러 가지 준보석 상감 무늬를 넣어 부드럽게 장식한 우윳빛 흰 대리석은 석양이 빛날 때나 달빛 아래에서 바라보면 더욱 영묘한 분위기를 자아낸다고 하는데 그 시간을 지키지 못하고 시간에 쫓겨 돌아섰던 것이 무척 아쉽다.

앞 건물을 바라보며 뛰어갔다가 뒷걸음을 치면 아치형 문으로 타지마할이 따라오는 듯한 현상, 중앙 돔 안에서 누군가를 부르면 에코 현상을 경험하게 되는데 그 여운이 오랫동안 사람의 마음을 휘어잡을 듯 메아리로 들려오는 것은 모두 뭄타즈 마할에 대한 샤자한의 애틋한 사랑을 대변해 주는 것이리라. 아일리스 튤립을 한판에 새긴 양각의 상감무늬, 연꽃, 백합, 재스민을 루비나 비취, 사파이어로 수놓은 칸막이 투조, 지붕 한가운데 꽃장식을 한 해바라기, 마름모형의 보석 무늬들을 보면 인도의 보석이라 보석은 몽땅 타지마할에 쏟아부은 듯하다. 그 많은 보석들을 어디서 어떻게 구해 왔는지 엄청난 건축비를 어떻게 감당했는지 놀라울 뿐이다.

그는 노후에 후계자인 아들에게 유폐당한 채 야무나강 옆에 있는 아그라 성으로 쫓겨난 뒤 자신이 지은 타지마할을 바라보며 외롭게 죽어갔다고 한다. 한 여인에 대한 사랑을 호화판 집짓기에 쏟아 부은 것도 어쩌면 사후에 죽은 아내와 행복하게 살고 싶은 소망 때문이 아니었을까. 하긴 고려시대 때 이자현도 벼슬을 버리고 청평사에다 식영정을 지은 뒤 연못 속에 비친 부용봉을 바라보며 살아생전 지극히 사랑했던 아내를 그토록 그리워했다고 한다. 물 위에 비친 사물의 그림자는 사모의 정을 달래 주는 환영이 되기 꼭 알맞은가 보다.

15번째 아기를 낳다가 39세에 죽은 뭄타즈 마할의 형상은 온 생애를 바쳐 지은 궁전 속 물그림자와 만날 때 더욱 아름답게 비쳐지지만 그 같은 건물을 또 지을까 봐 가담했던 장인의 오른손을 모두 잘라버렸다는 이야기를 들으니 소름이 끼친다. 인간의 욕심은 어디까지이며 최고 권력자의 횡포는 얼마큼이나 용인되는 것일까?

부처는 이 세상에 사라지지 않는 것은 없다고 했다. 모든 인연은 만났다가 헤어지고 모든 사물은 반드시 형체 없이 흩어지게 되어 있다고 가르쳤다. 샤자한도 그것을 모를 리 없다. 그러나 노도와 같은 상실

타지마할

감에 빠져 자신도 모르게 한풀이하듯 광인이 되어갔을 테고 만천하에 드러내 놓고 아내 사랑을 숭고하게 지켜가고 싶었을 것이다.

나는 죽은 아내를 위해 세상에 둘도 없는 궁궐을 지을 수 있었던 황제의 힘보다 남은 여생 그녀에 대한 사랑을 활화산처럼 터뜨릴 수 있었던 인간애가 더 애처로웠다. 이 세상의 어느 누가 사자한 보다 더한 사랑을 했을까? 왕의 특권으로 얼마든지 후궁을 둘 수도 있었지만 일편단심 아내만을 생각하며 집짓기에 혼신을 쏟을 수 있었던 집념이 안타깝다 못해 슬픈 그림자를 드리웠다.

KTX를 본뜬 기차여행

카주라호의 기차역에서 잔시로 가는 열차를 타기 위해 대합실로 들어섰다. 일반 열차가 도착될 때마다 어디선가 파리 떼가 우르르 날아온다. 열차에서 내리는 사람들은 모두 구질구질한 표정이다. 인도인들의 얼굴색은 대체로 검은 데다 옷 색깔이 우중충해서인지 깔끔해 보이는 사람이 드물다. 대기소 중간에 과자나, 음식을 파는 노점이 있는데 배가 고픈지 중년 남자들이 그걸 사먹는다. 그들은 좌판에 그릇을 받치고 오른손으로 그 위에 겹쳐진 접시 두 개의 스프를 번갈아 찍어가며 잘도 먹는다. 사람들이 수없이 오고 가는 맨바닥에 누워서 누더기를 걸친 채 잠을 자는 사람도 있고 새까만 손발을 내밀며 '원 달러'를 요구하는 아이도 있다. 무조건 구두를 닦아주겠다고 떼를 쓰는 구두장이에게 우리 일행은 측은하여 구두를 내주기도 했다.

열차가 설 때마다 차창으로 비치는 승객들은 모두 전쟁터로 실려 가는 짐짝처럼 어수선하게 처박혀 있다. 청바지를 입은 고등학생들인지 열차에서 내리는 모습이 모처럼 신선하게 비친다. 그렇게 아수라장 속에서도 인도에는 소매치기가 없다는 게 신기하다. 번번이 후줄근한 승객들을 쏟아 놓고 달려가는 기차역에서 한 시간쯤 기다렸을까 우리가 탈 특급열차가 도착했다. 우리는 인도 사람들 속에 끼어 모두 제자리를 찾아 앉았다. 한국의 KTX만큼 깨끗하지는 않아도 그만하면 일반 열차에 비해 고급형이다. 차내에서 간식도 주고 접었다 폈다 할 수 있는 접이식 상도 붙어 있다. 승객들을 보니 용모나 태도를 보아 중산층 이상이 이용하는 열차라는 걸 금방 느낄 수 있었다. 그렇게 4시간 30분을 열차로 다시 버스로 2시간 30분을 이동해 도착한 곳이 아그라였다.

갠지스강으로 가는 사람들

나는 왜 그리도 많은 인파가 갠지스강으로 몰려드는지 알지 못했다. 혼돈과 무질서 그리고 오가는 사람들의 목소리, 자동차 클랙슨 소리까지 아수라장을 이루고 있는 물결을 따라 나도 함께 걸었지만 그것은 아무것도 아니었다. 저녁때 릭샤를 타고 나간 거리는 아침 시간의 몇 배 더 복잡했다. 그 아침이 내가 본 인도의 첫인상이나 다름없다.

갠지스강가로 이르는 시장통에서는 이른 새벽부터 타래 꽃을 함지에 이고 나온 여인들이 참배객들에게 팔고 있었다. '원 달러'를 외치는 아이들뿐 아니라 장사치들도 눈길 한번 잘못 주면 벌떼처럼 따라붙는다. 그 복잡한 시장통을 벗어나 강가로 이르니 입구에는 아랫도리만 걸친 노인네들이 일렬로 줄을 서서 앙상한 뼈마디를 내놓고 양푼 하나씩 손에 든 채 구걸을 한다. 혹시라도 그들에게 잡힐까 봐 진저리를 치며 복잡한 소굴을 빠져나와 용케

갠지스강

나룻배에 올랐다. 아직 해가 뜨지 않아서인지 아르티를 팔러 나온 소녀도 있다. 나뭇잎 그릇 안에 금송화로 장식한 촛불은 성스런 제 의식을 치를 때 기원자에게 파는 꽃등이다. 나는 일행으로부터 얻은 그 꽃등을 일출과 함께 갠지스강으로 띄워 보낼 작정을 했다.

강변 옆으로는 예전에 궁전으로 쓰였다는 호텔들이 시오리 가량 늘어서 있고 그 아래 층계에서 울려 퍼지는 종교적 색채의 노래와 종소리는 마치 이집트에 갔을 때 새벽잠을 깨우던 코란처럼 어둠을 뚫고 흘러나왔다. 신자들은 강물로 뛰어들어 몸을 씻고, 세수를 하고 이를 닦기도 하고 그 물을 떠서 마시는가 하면 기원 등을 띄우면서 북새를 떤다. 우리들이 탄 나룻배는 그 모습을 감상하기 위해 천천히 움직이기 시작했다. 참배객들 아래에서는 중년 남자가 빨래를 하고 옷가지를 줄에 널어 말리는 것이 보였다.

조금 더 내려가면 화장터도 보인다. 인도 사람들은 갠지스강에 화장한 재를 뿌려야 영혼이 맑아지고 무상의 기쁨을 얻는다고 믿는다. 인도인들이 보는 죽음은 지상에서 또 다른 세계로 거처를 옮겨가는 변화일 뿐 결코 생명이 끝나거나 마지막이 아니라 생성, 유지, 소멸을 끝없이 반복하는 것으로 간주한다. 그것은 '윤회와 업'이라는 인도의 독특한 사상을 이루고 있는 토대이기도 하다. 화장은 수드라 계급이 하는데 돈이 없어 연료를 넉넉히 못 사게 되면 타나 남은 뼈를 그대로 강물에 띄운다고도 한다.

히말라야 강고트리 빙하에서 발원하여 북쪽으로는 힌두스탄, 남동쪽으로는 바라나시, 바갈코트를 통과하면서 많은 강물과 합류하여 벵골만까지 흘러드는 갠지스강물의 길이는 2,460km로 인도의 동북부를 횡단하게 된다. 힌두인들은 히말라야에 사는 시바신의 머리카락에서부터 흘러나온 물이 갠지스강을 이룬다고 믿는다. 즉 천상계에 있던 젖줄을 지상으로 옮겨온 물이니 보통 성스러운 물이 아니다. 12억 인구가 그 물에 목욕하기를 소원하고 아이를 낳아도 결혼식을 올려도 그곳 제단에 가서 기도를 드리며 그물에 밥하고 빨래하기를 열광한다. 맨발로 다녀도 손으로 음식을 먹어도 전염병에 걸리지 않으며 아픈 사람을 낳게 해 주는 것도 모두 성수의 효험이라고 믿으니 사람들이 끓을 수밖에 없다. 그들은 언제 어디서나 갠지스강 물을 옆에 두어야 마음이 놓인다니 그건 신앙이자 곧 특효약인 셈이다.

인도인들은 고대 베다 시대 때부터 수많은 다신을 숭상해 왔다. 한때 힌두의 개혁 종교로 불교가 융성했으나 또다시 힌두가 바통을 잇는다. 외세의 침입으로 들어온 이슬람교, 회교도 등 모든 종교는 이 힌두에 흡수되는데 그것은 헬레니즘과 같은 인도인들의 뿌리 깊은 신앙이 중심을 이루고 있었기 때문이다. 그들의 개방성은 힌두가 국교로 되어 있지 않은 점, 이슬람교도 출신의 대통령이 나온 것만 보아도 알 수 있다. 네 것이 들어와도 내 것으로 소화시키는 강인성, 그 탄력성이 인도의 힘인 것이다. 그러므로 힌두 사상을 버리지 않는 한 인도는 절대 갠지스강을 멀리할 수 없고 영혼의 구원도 얻을 수 없다고 생각한다. 그러니 1년에 100만 명이나 되는 순례객들이 너나없이 그리로 몰려들 수밖에 없다.

나도 그런 신성한 장소에 갔으니 떠오르는 태양을 바라보며 기도를 드리기로 했다. "갠지스여, 나의 발길이 여기서 끝나지 않고 더 멀리 더 많은 나라를 보고 배울 수 있게 하소서." 아르티를 띄우며 강물에 손을 씻었다. 갠지스강물은 비린내가 조금 풍길 뿐 의외로 깨끗했다. 멀리서 목욕을 하는 참배객들이 전혀 이상해 보이지 않는다. 나도 그 나라에 산다면 충분히 그들과 같은 경배 행위를 했을 것이다. 인간은 본래 누구나 신을 숭상하고 신을 가까이 하려는 성향을 갖고 있다. 태초의 인류는 인더스강 주위로 모여들어 모헨조다로와 하랍파의 도시 문명을 만들어 갔듯이 인도인들의 모천일 수밖에 없는 갠지스강이야말로 그들의 신이며 희망이 아니겠는가.

우리는 아침뿐 아니라 저녁때도 연례적으로 치르는 힌두의 대

갠지스강변

규모 축제행사 전야제를 참관했다. 안내자는 우리를 시장통의 어느 좁은 골목길로 이끌었다. 당장 분만을 할 것 같은 소가 짓밟힐 것만 같이 누워 있고 개들도 잠을 자고 있다. 지저분한 뒷골목에 웬 사람들이 또 그리 많은지 15분쯤 걸어 올라가니 소지품을 모두 맡기고 검색을 받으란다. 어이없게도 건물과 건물 사이 삐쭉 내다보이는 황금사원을 멀리서 바라보기 위해서였다. 아무나 출입을 시키지 않는 그 사원은 외벽이 금으로 싸여 있어 파손될 우려 때문에 신자들만 들어갈 수 있으나 나는 황금사원보다 그 좁은 골목에 누워 있는 소들에게 더 많은 관심이 쏠렸다. 인도의 교통문제를 해결하자면 아무래도 힌두교인이 대통령이 되어야 하는 게 아니냐고.

축제장에서는 대표자인 듯 3명이 단위로 올라와 예를 올리고 향불을 붙이니 찬가의 노래 소리가 확성기에서 흘러 나왔다. 사회자의 진행으로 시작된 그 행사는 수많은 군중 속에서 거행되었는데 1차 행사가 끝나자 강물에 기원 등이 불어나며 반짝거렸다. 우리는 제식 도중에 일어나 저녁 바자르의 수십만 인파 속에 휩쓸렸다. 어디서 나온 사람들인지 6·25전쟁 때 피난민들이 그렇게 이동을 했으려니 생각되었다. 자동차, 소, 사람, 릭샤, 개, 장사꾼, 자전거 할 것 없이 먼지와 함께 아수라장이 되어 빽빽이 밀려간다. 도저히 앞이 보이지 않는 길을 우리는 마스크를 쓴 채 왕복했었다.

생각해보니 그 길은 일 년 365일 인산인해를 이루는 곳이었다. 인도에서는 누구나 갠지스로 가는 길만이 모든 문제를 해결할 수 있다고 믿는 것처럼 그 큰 땅덩어리를 놓고도 비좁은 시장통 하나의 외길로만 통행하고 있으니 그럴 수밖에 없는 일이다. 그 물결에 휩쓸려 함께 가던 우리들도 하늘에서 내려다보면 삶의 구원을 찾아 어디론가 떠나가는 제석천의 보호 행렬로 보였을 것이다. 어차피 인간은 길 위에서 태어나 길 위로 떠난다고 하듯이 갠지스로 가는 길도 인도인들에게는 영혼의 안식과 구원을 찾으러 떠나는 길임에 틀림없었다.

화려하고 웅장했던 옛 성

암베르성에 도착하니 각지에서 몰려든 관광객들이 길게 줄을 서 있다. 코끼리를 타기 위해 대기하고 있는 그들 사이로 티셔츠, 액세서리, 코끼리상 조각들을 가지고 와서 상인들이 끈질기게 달라붙는다. 심심풀이 눈요깃감으로 그들을 감상하면서 지루한 줄 모르게 30분간을 기다린 뒤 우리도 코끼리를 탔다. 앞에 앉은 인부까지 세 사람을 태운 코끼리는 하루 종일 그 높은 언덕을 묵묵히 기어오른다. 어디를 가나 사람에게 이용당하고 있는 짐승들을 보면 인간의 야비함이 밉살스럽다. 인도 인부는 계속해서 내 목에 걸린 볼펜을 좀 얻을까 해서 은근히 아양을 떤다. 나는 '에라! 아침부터 기분 좋게 선심이나 쓰자' 하고 얼른 볼펜을 벗어주었다.

인도에는 200여 개의 성이 있는데 그중에서 아그라성, 시크리성, 암베르성을 차례로 꼽는다. 아그라성과 시크리성은 무굴제국

시크리성

의 세 번째 왕 악바르가 세운 것이다. 우리는 먼저 100년 넘게 짓고 있다는 더얄박 사원을 보며 앞으로 70년은 더 지어야 완성된다는 건축 현장을 둘러보았다. 우리나라에도 백년을 넘기며 지은 건축물이 있는지 모르지만 안내자의 조크에 따르면 한국은 빨리빨리를 좋아해서 국제전화번호도 082로 시작된다고 하여 모두 한바탕 웃었다.

악바르는 마우리아 왕국의 아소카왕과 같이 무굴제국의 확실한 기틀을 잡았던 위대한 황제였다. 13세에 갑자기 아버지를 잃고 어린 나이에 군주가 된 악바르는 아버지의 참모였던 라지프트 출신의 바이람칸 장군의 섭정을 받게 된다. 라지프트 출신들은 신분이 낮았지만 용맹성이 뛰어나 무굴제국의 강적이었으나 동맹관계를 맺으면서 오히려 든든한 방위력을 얻게 된다. 그때 적극적으로 결탁했던 세력이 암베르의 카츠츠와하 왕조였는데 악바르가 그곳의 왕녀와 결혼했던 것이 세 번째 부인이다.

악바르는 인도의 종교문제를 해결하기 위해 이슬람교, 기독교, 힌두교도 세 부인을 얻었으나 뜻을 이루지 못하였다. 그에게는 불행하게도 후손이 없었다. 그는 고민하다가 살림이라는 성자를 찾아가 아들 셋을 둘 것이라는 예언을 받고 보란 듯이 세 번째 부인으로부터 첫 아들을 얻었다. 성자의 이름을 따서 살림이라고 불렀던 왕자가 무굴제국의 4번째 왕 자항기르이다. 이어 두 아들을 더 얻고는 성자 옆에다 15년 동안 시크리라는 이상 도시를 건설한다.

그는 구자라트에서 일었던 반란을 9일 만에 평정한 기쁨으로 시크리를 승리의 도시라는 뜻으로 고치고 그곳을 수도로 삼았지만 정치적인 문제로 수도를 라호르로 옮겨야 했다. 나중에 시크리는 물이 모자라는 도시로 판정되어 폐도에 이르렀고 다시 수도를 아그라로 옮겨가지만 폐허가 된 옛 성은 지금 60%만 남아있다. 세 부인의 방은 물론 2층 홀에는 왕들이 손님을 맞았던 접견실과 중앙 뜰, 연못과 민속춤을 공연할 야외무대가 설치되어 있다. 도서실, 연회장, 식당, 침실, 아치형 9개 문에서 나와 후궁들과 회동할 수 있는 장소도 설치했고 5층 건물 옥상엔 밤바람을 쐬러 나오던 장소도 있다. 시크리성 안에는 학교, 공공건물, 욕탕, 궁전, 사원 등이 찬연하게 세워졌으나 지금은 그 잔재만 남긴 채 유령도시가 되었다.

암베르성은 450년 전 무굴시대 때 '만 싱'이 짓기 시작하여 '자이싱' 1세까지 120년에 걸려 완성된 요새이다. 그는 악바르에게 신임을 얻으면서 강력한 권력자가 된다. 힌두교와 이슬람교의

암베르성

양식을 혼합한 그곳은 적의 침략을 막기 위해 높은 지대에다 성을 쌓고 '암바'라는 힌두 여신을 모셨다. 성벽의 둘레가 19km나 되는 이 성은 꿀과 모래, 과즙을 섞어 우윳빛 회벽을 발랐었는데 그것은 만질수록 윤이 나는 특이한 재질이었다.

지금은 거의가 파손되고 몇 군데 흔적만 남아 있다. 그 성은 이슬람과 힌두의 건축양식으로 내빈을 맞아들이는 알현실, 연회장, 침실 등 색유리로 장식된 보석 무늬들이 눈이 부실만큼 화려하다. 그 당시엔 얼마나 많은 공을 들여 축조했는가를 알 수 있다. 물이 흐르면 줄무늬가 만들어지는 물 커튼까지 옥상에서 바라보면 호수가 보이는 정원, 먼 산등성이까지 뻗어 있는 성벽 규모가 대단히 크고 화려하다. 그곳 역시 물 부족 도시로 판정되어 자이푸르로 이전하였다.

핑크 시티에 세워져 있는 바람의 궁전

도시가 온통 핑크빛이라는 걸 상상만 해도 환상적이다. 핑크

시티는 자이푸르에 있는 양쪽 길옆 구시가지를 메우고 있는 도시인데 그 자이푸르는 세계에서 최초로 계획되어 만든 도시다. 화사하고 은은한 핑크빛과는 달리 그곳의 핑크는 벽돌색에 가까운 핑크여서 좀 색이 탁해 보인다. 암베르성 주재 자이싱 2세가 1727년 본거지를 그리로 옮기면서 힌두의 성이었던 것을 영국 웨일즈의 방문을 환영하는 뜻에서 시가지 벽을 온통 분홍색으로 칠하자 핑크 도시가 탄생된 것이다. 지금은 그곳에 살고 있는 사람들에게 받는 세금으로 도시를 관리하고 있다.

그 도시 안에 세워진 이 궁전에서는 암베르성에 있는 후궁들이 축제 때 지하도를 통해 올라와서 행사를 치르거나 시가지에서 벌어지는 행진 등을 지켜볼 수 있도록 만들었다. 창문 550개 정도가 벌집 모양으로 되어 있어서 안에서 밖은 볼 수는 있어도 밖에서 안은 보이지 않도록 설계되어 있고 바람이 잘 통하도록 건축되었는데 이는 왕비들의 요구로 만들어졌다고 한다. 우리나라도 조선 시대의 역사를 들여다보면 한시도 여난으로 궁 안이 조용한 적이 없었는데 암베르성의 여인들도 공식적인 외출을 인정해 달라고 요구를 했다니 꽤나 극성스러웠던가 보다.

자이싱 2세는 천문학에도 조예가 깊어 외국 유학을 시킨 특수 교육자들을 이용해 인도에 5군데나 천문대를 지었다. 그곳에는 해시계, 물시계, 별자리를 볼 수 있는 가장 큰 시설이 만들어져 있다. 우리들이 갔을 때에도 220년에 세워졌다는 해시계가 분과 초까지 정확하게 시간을 가리키고 있는 것을 보면서 과학적인 힘이 신기하기만 했다.

소우주와 대우주를 보는 요가

창문 밖에서는 요염한 빛깔의 고래란 빨간 꽃나무가 활짝 피어 있는데 호텔까지 직접 찾아온 요가 선생은 2층 홀에서 자신의 동작을 똑같이 따라 하라며 훨훨 난다. 아름다운 인도 여인은 어릴 때 서커스단에서 자주 보아왔던 묘기 같은 동작을 날렵하게 실현해 보인다. 그러나 뻣뻣하게 굳어 있는 우리의 몸이 갑자기 제대로 움직일 리 없다. 선이 아름다운 그녀의 몸은 마치 뼈가 아니라 아교풀로 엮어진 것 같다. 다리와 팔이 척척 붙고 온몸이 동그랗게 원을 그린다.

5000년 전 고대로부터 전해 내려온 인도의 요가는 고행과 금욕을 원천으로 하였으나 중세로 넘어오면서 탄트라, 즉 지식을 확장한다는 뜻으로 몸과 마음의 조화뿐 아니라 세상과 사람과의 조화를 이루는 과정을 체득한다. 요가 철학은 바로 내 몸이 우주와 대화를 나눌 수 있는 방법을 연구한 학문인데 인간은 소우주이고 자연은 대우주라고 보는 동양사상의 철학과 일맥상통하고 있다. 요가에서 보는 인간의 척추는 산맥이고 에너지의 흐름인 경락은 강처럼 생명의 젖줄 역할을 하는데 이 강물을 따라 물기운(음기)과 불기운(양기)이 서로 교차하면서 생명현상을 유지한다고 한다.

인도인들의 사상과 철학은 그들의 독특한 생활지침, 인생을 25주기 4단계로 보는 것에서 자연적으로 발생한 듯하다. 태어나서 25세까지는 지식을 습득하는 학습기, 25세에서 50세까지는 가정에 충실해야 할 생활기, 50세에서 75세까지는 종교적 수행을 하는 은둔기이고 75세에서 100세까지는 인간이 세상에 태어난 원래의 상태, 즉 영혼의 고향으로 돌아가는 유랑기로 정해 놓았으니 무소유의 철학도 바로 그 속에서 나온 것이 아닐까.

우주 속의 일부가 되기 위해 가족을 떠나 명상 수련에 든다는 것은 쉬운 일이 아니다. 많이 가질 필요도 없고 무엇엔가 애착을 갖고 속을 끓일 필요도 없는 인도인들의 무소유 철학, 또는 느긋하고 온화한 심성에 깃든 느림의 철학이 바로 인도를 구성하고 있는 자연과의 합일사상이란 생각이 들었다. 숨이 끊어지면 자신의 시신을 화장해 줄 장례비를 늘 허리춤에 넣고 다니는 인도인들, 누구든 시신을 발견하게 되면 그 돈으로 장례를 치러 준다는 이야기는 인도에서만 볼 수 있는 매력이다. 요가 선생은 단전호흡, 명상좌법, 운동요법을 통해 심신을 단련하는 방법을 가르쳐 주었지만 언어가 잘 통하지 않아 우리는 그의 태도로만 대충 짐작할 수 있었다.

인도의 전통의상을 입고

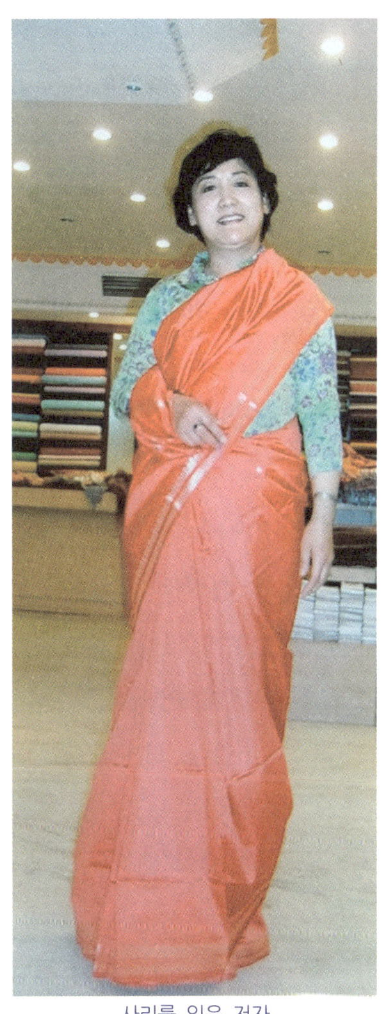
사리를 입은 저자

인도 여인들은 대체로 전통의상인 사리를 입는다. 어디를 가나 사리 입은 여인들을 볼 수 있는데 '사리'는 5~6m 되는 한 필의 비단을 둘둘 말아 입는 옷이다. 안에다 젖가슴까지 내려오는 속옷을 입기 때문에 허리 살이 드러나는 예가 많다. 어떤 여인은 불룩 나온 배를 온통 드러내 놓고 다니는데 예전엔 그것이 부의 상징이었단다. 그들은 또 장신구를 좋아하여 귀걸이, 목걸이, 팔찌, 발찌를 주렁주렁 달고 다닌다. 비록 맨발로 다닐망정 발가락에도 반지를 낀다.

인도의 여자들은 대개 미인들이 많다. 콧날이 오뚝하고 눈이 큰 데다 귀여워서 전통의상 '사리'를 입고 다니는 모습이 아름답다. 그들은 양미간 사이에 '빈디'라고 하는 빨간색(우리나라의 연지와 비슷함) 또는 검은색으로 점을 찍고 다니는데 아침에 일어나 남편에게 짜이 차를 대접하고 힌두사원을 다녀온 뒤 밥을 먹는 것은 인도 여자들의 의례적인 하루 일과다. 그러므로 사원을 다녀왔다는 표시로 '빈디'를 찍는데 요즈음은 멋으로 찍는 경우가 더 많다고 한다. 스티커처럼 이마에 붙일 수 있게 만들어 파는 것도 있어서 우리는 마지막 날에는 그것을 사서 이마에 붙이고 다녔다. 그런가 하면 여자들은 가르마에다 붉은 가루칠을 하고 다니는 것도 보였는데 그것은 기혼자라는 표시로 남성의 접근을 불허한다는 뜻이다.

델리에서 면세점과 같은 곳을 들렀을 때다. 카펫, 스카프, 비단 등을 팔고 있는 상점에서 스카프 몇 개를 구입했는데 웬일인지 상점 주인이 내 어깨를 밀며 안으로 들어오라고 손짓을 한다. 나는 의아해하며 따라 들어갔더니 그곳은 비단을 진열해 놓고 파는 곳이었다. 주인은 진열대 위에 빨강, 노랑, 핑크, 다홍 등의 비단을 내놓으며 하나 고르란다. 나는 고개와 손을 내저으며 아니라고 거절을 했는데 그런 내 모습을 보고도 주인은 다홍빛 비단 포장을 얼른 뜯은 뒤 내게 사리를 만들어 입혔다.

먼저 비단 끝을 허리춤에 한 바퀴를 돌린 다음 주름을 대여섯 번 감아 허리에 꼬이더니 다시 어깨 위로 한 바퀴 돌려 머리를 감싸기도 하고 등 뒤로 늘어뜨리기도 한다. 인도의 사리가 눈 깜짝할 사이에 내 몸에 입혀진 것이다. 주인은 만족하다는 듯 손뼉을 치면서 기념촬영을 하라고 부추긴다. 그리고는 함께 온 일행들에게 자랑을 하라나? 나는 아래층에 모여 있는 일행들에게 선을 보이고 박수를 받은 후 돌아올 때까지 인도 여인으로 불려졌다. 내게 그런 호의를 베풀어 준 델리의 상점 주인에게 특별히 인사나 제대로 하고 왔는지 두고두고 좋은 추억을 안겨 준 그분이 고맙게 느껴진다.

현대적 감각이 살아있는 수도 델리

인도의 뉴델리는 1911년 인도를 통치했던 영국이 캘커타에서 델리로 수도를 옮길 때 현대적인 감각을 가지고 시가지를 갖추게 된 도시이고 올드 델리는 수천 년 전에 자연적으로 형성되었던 고대도시이다. 우리는 첫날 올드 델리에서 자고 다음날 네팔로 갔다가 마지막 날 뉴델리를 들렀다. 그러나 뉴델리에도 줄줄이 빈민가가 늘어서 있고 학교, 병원 건물들도 후줄근하게 세워져 있는 것이 눈에 띄었다. 도시의 발전상과는 달리 또 다른 양상을 읽으면서 잠재력 속에 숨어 있는 현실의 문제를 느꼈다.

델리에서도 꾸뜹 탑은 힌두와 이슬람 양식이 병합된 높이 72.5m의 5층탑이다. 1층은 힌두 양식, 2, 3층은 이슬람 양식으로 세워진 기둥 겉에 코란 문구가 새겨져 있는데 내부에는 나선형 계단이 있어 사람이 끝까지 올라갈 수 있게 만들어져 있다. 3층까지는 적사암으로, 그 위는 대리석과 사암으로 만들어진 탑은

델리 거리

얼른 보면 긴 원통 모양의 굴뚝처럼 보인다. 그러나 노예왕조의 술탄인 굽타우딘 아이바크가 1100년 전 이슬람교를 인도에 처음으로 들여오면서 힌두교도들을 제압했던 승리를 기념하기 위해 세운 탑이다. 이 탑은 예배 시간을 알리기 위해 세워지기도 했는데 단순하면서도 근래에 세워진 듯 아름답게 보인다.

마지막으로 우리는 인도 문이 세워져 있는 시민광장으로 갔다. 도심의 잘 가꾸어진 나무숲에는 여가를 즐기기 위해 산책을 나온 시민들이 많았는데 유럽의 어느 도시 풍경을 보는 듯했다. 주변엔 1930년에 영국 사람이 지었다는 정부청사가 있고 커다란 공공건물들이 들어서 있다. 제1차 세계대전 때 영국을 위해 싸우다가 죽은 병사들의 넋을 기리기 위해 세운 위령탑에는 전사한 9,500명의 이름이 적혀 있다. 인도는 200년간 영국의 식민지로 있다가 비폭력적 저항운동을 주창하였던 마하트마 간디에 의해 독립을 이루었다. 정부에서는 1972년 인도의 독립 25주년을 기념하기 위해 불멸의 점화를 불붙였는데 그 봉화가 아직도 타고 있었다.

역마살을 접고 귀로에 올라

인간에게 돌아갈 집이 있다는 것은 얼마나 큰 안식인가! 아무리 행복한 시간을 많이 가졌다고 해도 돌아가 쉴 곳이 없다면 인간은 불안할 것이다. 그동안 10박 11일의 여행 일정은 나에게 삶의 다양성, 종교와 철학, 죽음의 의미 같은 것들을 많이 생각하게 해 준 시간이었다. 여행이 즐거운 것은 바로 지구상에 있는 세계 여러 나라의 역사와 문화를 체험하는 일일 것이다. 어느 곳에서는 신이 만들어 놓은 웅장하고 신비스러운 대자연을, 어느 곳에 가서는 오랜 역사 속에 흘러온 제왕들의 치적과 그들의 비화를, 또 다른 곳에 가서는 그 나라의 특별한 문화와 종교를 보면서 지적인 만족을 느끼고 살아있는 감각을 통해 그들의 정서를 공감할 수 있다.

여행하기 전에 먼저 그 나라에 대해 공부하고 현장에 가서 직접 확인한 뒤 다녀와서 다시 이해하고 사랑할 수 있는 마음이 생김은 내 사고의 전환이 가져다준 넓은 시야를 가질 때 생겨날 수 있다. 이번에도 여행을 하면서 처음엔 헝클어진 실타래처럼 도저히 이해가 되지 않던 문제들이 돌아올 때는 내 속에 이미 용해되어 흐르고 있는 것을 보았다. 원초적인 삶의 모습이 짙게 배어 있을수록 근원에 대한 그리움이 오랫동안 남아 있게 된다.

인도는 고대 사회 때부터 수학과 철학이 발달했으며 노벨 수상자가 나오고, 핵실험에 성공한 나라일 뿐 아니라 15개가 넘는 언어를 공용어로 사용하고 있는 다양하고 복잡한 나라임에 틀림없었다. 일부를 보고 인도 전체를 본 양 단적으로 말하는 것은 어리석은 일이다. 이상하게도 인도라는 나라는 처음에는 이해할 수 없는 너무나 낯선 문화를 가지고 있어서 큰 충격을 받았는데 시간이 흐를수록 그 이질성과 다양성에 자꾸 매력을 느끼게 되었다. 고대사회 때부터 무수한 침략과 지배를 받아왔음에도 카스트제도와 힌두사상이 꿋꿋이 살아있고 보이지 않는 잠재력이 곳곳에 묻어 있어서 무질서 속의 질서, 다양성 속의 통일성을 엿볼 수 있었다.

그 예로 도시 한복판에 빈민가가 줄줄이 늘어서 있고 70%가 넘는 농가가 우리나라 50년대처럼 원시적인 방법으로 농사를 짓고 있다. 비록 가난해도 사려 깊고 이해심이 많아서 한두 시간 기다리는 것쯤은 다반사로 여기는 사람들이다. 모든 것은 시간이 해결해 준다고 믿고 있어서 치고 박고 싸우는 일이 별로 없다. 그렇게 올드 델리와 뉴델리에서 볼 수 있는 문화의 차이는 인도 전역에 깔려 있어서 풀어가야 할 문제도 많은 나라임을 알 수 있었다.

우리는 저녁을 먹고 9시가 넘어 델리에서 인디아 항공기에 탑승한 뒤 이튿날 아침 10시 50분에 인천공항에 도착했다. 내 나라 내 조국이 얼마나 발전했는지 외국에 나가보면 분명히 알 수 있다. 인도에 열흘 나가 있는 동안 겨울은 가고 어느덧 3월의 봄기운이 완연해져 있었다. 무엇보다도 오랫동안 집을 비워 두고 떠날 수 있게 해 준 가족들에게 얼마나 고마운 일인지 그 품으로 돌아갈 수 있다는 것이 그저 감사할 뿐이었다.

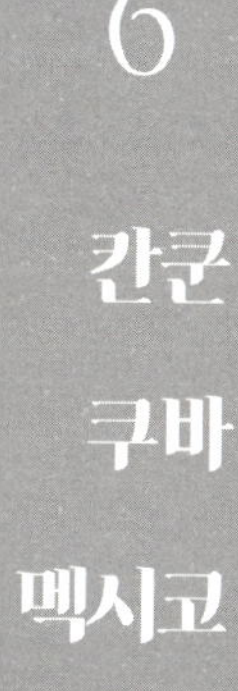

6

칸쿤 쿠바 멕시코

불타는 정열의 나라 중남미

칸쿤 · 쿠바 · 멕시코 · 아르헨티나 · 브라질 · 칠레 · 페루

(2007년 3월. 21일간 여행)

새벽 4시! 보름을 막 넘겼지만 흘끗 쳐다본 달은 아직도 둥근 형태를 그대로 유지하고 있다. 구름 한 점 없는 하늘이 청청하다. 밤사이 눈이 내린 탓인지 두툼한 옷을 입었건만 매운바람이 살갗으로 매섭게 달려든다. 이상한 것은 20여 일의 여정을 눈앞에 두고 떠나는데도 그저 담담하기만 했다. 얼마나 별러 왔던가. 일생일대에 한 번 있을까 말까 하는 결정을 내리기까지는.

혼자 남을 남편의 식사 문제, 엄청난 여행 비용, 비워내야 할 시간들, 과연 떠나야 할 것인가 말 것인가를 놓고 여러 날 갈등을 겪었다. 나는 결코 이 기회를 놓치고 싶지는 않았다.

"당신, 돈 있으면 가." 돈? 돈은 있다가도 없고 없다가도 생기는 것이 아닌가.

"그렇게 말하면 내가 못 갈 줄 알고요?" 그런 배짱에 나도 깜짝깜짝 놀랄 때가 있다. '남편 몰래 들어 놓았던 운전자보험 만

카리브 해변

기에다 내 것도 곧 끝나니 그걸 보태자. 그래도 부족하면 상금으로 받은 한 냥짜리 금거북을 팔면 돼. 또 모자라면 가불하지 뭐.' 머릿속으로 얼핏 계산했다. 한번 결정하면 물러설 줄 모르는 내 고집에 고산증약에서부터 밑반찬, 간이식, 라면, 햇반까지 준비하느라고 분주했다. 짐을 줄여야 한다는 상식까지도 까맣게 잊고서.

남편의 보름치 밥과 미역국, 청국장, 카레, 시래기국은 냉동고에 넣고 출국하는 날 인천공항에 도착하니 우리 일행은 예지회 5명까지 모두 19명이었다. 그런데 맙소사! 항공 티켓을 나누어 준 걸 보니 모두 18장이나 되지 않는가. 거의 날마다 비행기로 21일을 이동할 모양이었다. 이제부터 나와의 전투가 시작되는구나 생각했다.

칸쿤

칸쿤의 달바라기

일본에서 1시간 반, LA에서 11시간, 멕시코에서 칸쿤까지 6시간, 무려 20시간을 날아왔는데도 피로하지 않다. 드디어 도착을 알리는 신호를 듣고 창밖을 내다보니 카리브해의 산호바다가 옥빛으로 빛나고 있었다. 오는 도중 태평양 바다 위를 날던 비행기가 날짜 변경선을 지나면서 카리브해를 날았던 것이다. 푸른 바다가 아름다웠다. 그곳에 친족이 살고 있는 지우의 말을 빌어 이미 소문을 들었던 아름다운 산호바다였다. 꿈만 같았다.

칸쿤은 캘리포니아와 멕시코 사이에 있는 해안 도시다. 옥빛 바다가 끝없이 펼쳐져 있는 광활한 도시는 원래 100여 명의 원주민들이 살고 있었는데 인구가 백만 배로 늘어나면서 휴양 관광객들이 넘쳐나는 곳이다. 우리가 쉴 곳은 악어들이 사는 큰 호숫가 옆 다운타운 지역이었다. 야간 산책은 안 된다고 해도 예지

칸쿤

회원들은 그냥 잘 수 없어 이국에서의 첫 스타트를 촛불잔치로 축배를 든 뒤 달바라기를 하였다.

보름달은 고국에서보다 훨씬 이지러져 있었다. 그 달을 쳐다볼 시간도 길지 않았다. 새벽이면 마야 유적지 치첸이트사로 떠나야 했으니까. 정원엔 이열대 지방에서 보아오던 야자나무가 솟아 있고 한 번도 보지 못한 신비스런 꽃들이 피어 있었다. 칸쿤의 첫 인상은 호화로운 드레스 입은 여인 같았다. 아름다운 조지와 옥빛 바다가 방랑자의 마음을 한껏 유혹했으니까.

그곳은 일년 내내 여름이 계속되지만 갑자기 소나기가 쏟아지다 언제 그랬느냐는 듯 멈추는 스콜 현상이 빈번하다. 쾌적한 바람이 정원에 앉아 있는 우리들의 머릿결을 쓸고 지나갔다. 달 바라기! 칸쿤에서 본 달은 고국에서 보던 달과 조금도 다르지 않았다. 그 영롱한 빛을 내 것처럼 껴안아 본 설레는 밤이었다.

마야의 유적지 치첸이트사로 향하면서

칸쿤은 마야어로 뱀이란 뜻이다. 유카탄반도에 놓여 있는 치첸이트사는 고대 마야문명이 급속도로 발전했던 곳이다. 과테말라의 티칼, 와샤크툰, 카미날후유 등에서 일어났던 고대 마야문명은 서기 600년까지 계속되었는데 그 지역에서 번영과 몰락을 함께했던 유적지를 보기 위해 새벽별을 보며 3시간 동안 버스로 이동했다. 전날 밤엔 어두워서 잘 보이지 않던 별장지대가 어마어마하게 화려했다.

다닥다닥 빽빽이 들어앉은 호텔들은 저마다 특별한 건축물들을 배열해 놓은 전시장 같았다. 야자나무와 꽃들이 만발한 정원, 피라미드를 닮은 집, 원형, 또는 사다리꼴 모양, 별별 모양의 건축물들이 즐비했다. 크루즈 모양의 호텔을 도입한 칸쿤은 모든 부대시설을 맘 놓고 즐길 수 있어서 인기가 좋다는데 캐리비안의 백사장과 그 안에 설치된 퍼블릭 비치, 콘도미니엄들은 호화롭기 그지없었다.

바다를 끼고 달리는 벌판은 2차선 도로로 밀림이 양옆에 끝없이 펼쳐져 있다. 가도 가도 똑같은 나무와 풀들! 집이라곤 찾아볼 수 없는 유카탄반도를 2시간쯤 달려 주유할 휴게소에서 잠시 몸을 풀었다. 그곳은 열대성 고온다습한 기후여서 고대 때부터 밀림 지역에 방울뱀이 많이 살고 있다. 마야인들은 그 밀림 지대에다 문명을 일구었으니 뱀을 신처럼 믿을 수밖에 없었으리라.

마야도자기

착물

쿠쿨칸 화답소리

치첸이트사에 도착하니 마야의 후손들은 직접 구운 물건들과 기념품을 길가에 정리하느라고 분주했다. 가면, 도자기, 액세시리, 토우 등 면사로 만든 전통 옷까지 화려하고 다양한 접시들이 진열되어 있다. 치첸이트사에서 가장 두드러진 유적은 91계단의 피라미드 '엘카스티요'와 광장 옆에 있는 '전사의 신전'이다. 마야인들은 신전 맨 꼭대기에 누운 듯 앉아 있는 사람 모양의 '착물'에다 자신의 배를 가르고 벌떡벌떡 뛰는 심장을 즉석에서 공양하

치첸이트사에 있는 피라미드

는 것을 최고의 영광으로 알았다. 생각만 해도 끔찍하다. 그래서인지 발콰라트 경기장 제대 벽에는 아직도 핏물 자국이 불그스름하게 번져 있었다.

피라미드 4면은 91계단이지만 가팔라서 네발로 기어 올라가야 한다. 신께 엎드린 자세를 취하기 위해서다. 왕들은 부족국가의 권위를 지키려고 인신공양을 하면서 한 해의 농사를 빌고 광장에 모였던 민중들은 춤추고 노래 부르며 축제를 벌였던 것이다. 이집트의 피라미드가 파라오의 무덤을 지은 것이라면 마야의 피라미드는 제사를 지내던 곳이다.

춘분, 추분이 되면 치첸이트사는 달빛을 받아 계단 아래쪽에 설치되어 있는 뱀(쿠쿨칸) 머리가 구불구불 반사되어 꿈틀거리는 착시현상을 보인다. 피라미드를 향해 손바닥을 치면 쿠쿨칸의 소리가 '끼욱' 하고 들린다. 마치 뱀 신이 살아나서 소리를 내는 것 같다. 소리를 지르면 에코 현상이 나타나는 것도 지도자의 권위를 세우기 위한 장치였다니 이들이 피라미드에 얼마큼 정성을 쏟았는지 알 수 있다.

목욕하던 성소

거기에서 동쪽으로 가면 천문대 카라콜이 있고 북쪽으로 가면 14~15세의 신성하고 순결한 처녀를 바쳤다는 성스러운 샘물 '쎄노테'가 있다. 깊이 25m나 되는 샘 옆에는 목욕하던 성소도 남아 있다. 마야인들은 20진법, 태양력과 금성력, 신성문자를 만들 정도로 과학적인 두뇌를 가졌고 역학과 수리력도 엄청나게 발달했었다고 한다. 직조 기술, 도자기 기술도 뛰어났는데 놀랍도록 왕성하게 뻗어갔던 문화가 하루아침에 사라졌으니 이상하지 않는가.

지질학자들은 오랫동안 비가 내리지 않아 농사를 지을 수 없고 먹을 물을 구할 수 없으니 살 수 없었을 것이라고 했다. 기원 2만여 년 전 알래스카 시베리아에서 수렵 생활을 하던 몽골족이 북미와 남미로 흩어져 각각 문명을 이루고 살았는데 화려하게 꽃피웠던 그들의 문화가 아직도 지하에는 많이 묻혀 있다고 한다. 자신을 제물로 바치기 위해 생 심장을 가르던 마야인들의 영웅심, 그리고 농사 시기를 정확하게 점쳤던 천문학적 영감, 역학으로 민중을 다스리던 지혜를 우리는 피라미드 앞에서 똑똑히 볼 수 있었다.

카리브해에서 마신 마야마야 커피

점심 후 칸쿤 바닷가에 닿자 1시간 30분 자유시간이 주어졌다. 가이드는 그 아름다운 바다를 눈으로만 보고 떠나라고 하기엔 미안했던 모양이다. 예지회 5명은 신바람이 나서 환호성을 질렀다. 카리브해는 캐나다에서 본 루이스 호수 물빛과 똑같았다. 로키의 만년설이 만들어 낸 태초의 하늘빛을 칸쿤에서도 만나게 된 것이다. 그런데 무슨 심술인지 하늘은 해변으로 내려서자 갑자기 빗방울을 후둑후둑 떨구어 냈다.

모두 카메라를 들이댔지만 빗물이 들이쳐 사진은 찍을 수가 없었다. 그러나 곧 비는 그치고 우리는 맨발로 해변을 걸으며 연신 셔터를 눌러댔다. 조개를 주우며 30분쯤 걸었을까? 근사하게 비치파라솔이 갖춰진 힐튼호텔이 나타났다. 예지회 5명은 바다가 보이는 카페에 앉아 차를 마셨다. 이름하여 마야마야 커피다. 밥공기만 한 머그잔에 진한 커피 향과 브랜디가 섞여 나온 커피를

힐튼호텔 비치파라솔

마시니 황홀하게 취기까지 어린다. 컵 끝에 설탕을 뿌려온 것을 보면 칵테일과 같은 커피인가 보다. 잠깐의 휴식이 아른한 행복을 몰고 왔다. 그러나 시간에 쫓겨 서둘러 일어서야 했다. 타고 온 버스로 찾아가니 그들은 우리가 나타나기만을 기다리고 있었나 보다.

"멋없는 사람들 같으니, 이곳까지 와서 낭만도 모르고 눈요기도 못하다니…."

약속 시간을 맞추었으니 우린 죄가 없었다. 언제 칸쿤의 바닷가를 다시 걸어볼 것인가. 여행은 새로운 경험을 하기 위해 떠나는 용기이다. 최대한 주어진 시간 안에서 자유롭게 행동하고 맘껏 누려야 시간을 버는 것이다. 돈을 구척같이 쌓아 놓고도 쓸 줄 모른다면 불쌍하지 않는가. 그래도 기다려준 15명의 동행인들에겐 좀 미안했다.

마야인들이 파는 기념품

올드 아바나를 거닐던 축복의 밤

치첸이트사에서 비행기를 타고 쿠바 호텔로 들어선 시각은 자정이 넘었다. 예지회 5명은 흑인 가이드 알바를 꼬드겨 택시를 타고 시내로 나왔다. 굴곡의 역사를 가진 올드 아바나를 보기 위해서다. 스페인으로부터 해방된 후 미군정의 지배를 받다가 독립하면서 쿠바공화국이라는 명칭을 사용했던 나라! 아바나를 잇는 8km의 방파제에는 각국에서 산책 나온 관광객들이 철부지처럼 낭만을 즐기고 있었다. 불시에 사람들을 수색하거나 검문하는 일 없이 자유롭게 밤거리를 활보할 수 있다는 게 의외였다. 사회주의 국가에 대한 내 인식은 완전히 빗나갔다. 쿠바는 전혀 경직된 분위기가 없었다.

우리는 가장 먼저 8차선 도로가 뚫려 있는 거리에서 스페인식 바로크 건물들이 빼곡한 중심가 쌩뜨로 거리로 들어섰다. 공원, 극장, 성당, 해군기지, 그리고 호텔, 카페들이 은은한 불빛에 졸고 있었다. 헤밍웨이가 묵었던 호텔 앞에는 조그만 설명문의 동판도 붙어 있다. 스페인 총독부가 들어섰던 건물 앞 도로에는 마차 소리가 시끄럽다고 나무블록을 깔아놓았던 길도 건재하다.

18세기 때 유명했던 사람들을 벽에 그린 예술극장, 종각이 2개나 높이 솟아 있는 대성당, 공원을 산책하는 연인들, 음악이 흘러나오는 카페를 보면서 화려함이 존재하는 구시가지를 벗어나 바닷가로 나왔다. 멀리 마당사스 유전에서 뿜어 나오는 불빛이 꼭 올림픽 성화같았다. 8차선 도로 다리 밑에서는 고기잡이를 하는 목선들이 어둠 속에 여기저기 떠 있었다.

그때 누군가 콧노래로 「라팔로마」를 불렀다. 우리도 함께 따라 불렀다.

"배를 타고 하바나를 떠날 때 나의 마음 슬퍼 눈물이 흘렀네~"

사회주의 국가가 되면서 쿠바를 떠나던 친구와 이별의 슬픔을 나누던 장면을 생각하니 씁쓸했다. 어느새 새벽 2시가 가까워 오고 있었다. 이튿날도 올드 아바나를 투어하게 된다니 우리는 같은 장소를 두 번이나 살펴보았던 셈이다.

혁명의 광장에서 만난 두 영웅

거리로 나서니 행인들은 모두 걷고 있었다. 쿠바는 석유 수입을 하고 있어서 대중교통을 이용하기보단 걷기를 즐겨한다고 한다. 생필품을 배급받고 살아서 개인의 집이나 땅은 가질 수 없고 생활이 어렵지만 그만큼 순수한 편이다. 그들은 인종차별 없이 대다수가 혼혈인이어서 결혼을 하는데 전혀 지장 없다고 한다. 어느덧 혁명의 광장에 닿으니 1868년 스페인으로부터 독립전쟁을 일으켜 승리를 거두었던 호세마르티 동상이 높이 솟아 있다. 탑 앞 광장 건너편 내무성 건물 외벽에는 낯익은 아르헨티나 출신의 체게바라 얼굴이 대문짝만하게 걸려 있다.

쿠바의 시인이었으며 총리였고 독립전쟁을 승리로 이끌었던 호세마르티 동상은 각 학교마다 세워져 있다. 그가 나라와 국민을 위해 쓴 서원의 시가 떠올랐다.

체게바라

"내가 하느님께 바라는 오직 한가지 / 이 세상 모든 고통을 내게 주시기를 / 나의 책임이 다하기 전에 내가 죽지 않기를 / 내가 민중과 함께 하기를 / 내가 불의를 외면하지 않기를"

아르헨티나 출신의 체게바라의 얼굴 역시 확대하여 걸려 있는 것을 보면 그를 영웅시하고 있다는 증거이다. 하긴 체게바라가 쿠바 혁명의 주도자였던 카스트로를 만나 게릴라전을 펼치고 혁명을 완수하기까지 체게바라는 오직 쿠바의 혁명을 위해 세상에 태어난 사람 같았다. 진정한 혁명가는 불평등한 대우를 받는 사람을 위해 도와야 한다던 그에게 자유주의 국가 언론들이 아무리 평등을 부르짖어도 일하지 않는 자에게 똑같은 대우를 할 수는 없지 않느냐고 묻자 대답을 하지 않았다. 그는 쿠바에서 모든 것을 이뤘다고 생각하고 혁명 원정을 위해 볼리비아로 건너갔다가 1년도 안 돼 포로가 되어 총살당했다.

아바나 해군기지

젊었을 때의 이름이 에르네스토였던 체게바라는 게바라 앞에 '체'를 붙였는데 아르헨티나 말로 '체'는 감탄사 또는 '나'를 뜻하는 것이라 한다. 쿠바는 지금도 미국에 대한 적대 감정이 매우 커서 달러를 받지 않고 있었다. 물건을 사려면 호텔에서 페소로 환전을 해야 하는데 그들이 미국을 싫어하는 것은 당연한 일이었다. 쿠바가 스페인의 지배를 전복하려는 의도를 안 미국은 아바나 항구 메인호의 폭발을 빌미로 전쟁을 선포하고 쿠바를 병합할 욕심을 가졌다. 미국은 전쟁에 승리하자 곧 쿠바를 종속시켜 관타나모 만에 해군기지를 건설하고 미국의 이익을 위해 제국주의적 지시를 내렸다. 쿠바가 사회주의 국가가 될 수밖에 없었던 근본적인 원인은 카스트로가 수상이 되면서 사회주의 혁명을 선포하였기 때문이다.

사람은 누구를 만나느냐가 참으로 중요하다. 게바라가 카스트로를 만나지 않았다면 어쩌면 쿠바의 운명은 달라졌을지도 모른다. 결국 게바라는 순순한 마음으로 쿠바의 독립을 도왔지만 그 이후 사회적인 변화에 대한 책임은 그에 있지 않다고 믿은 것이 아닐까. 우리는 그곳을 떠나 '마르케 프라델리라'라는 복잡한 거리로 나왔다. 모든 대중버스는 그곳에서 떠나게 되어 있다. 거리엔 많은 사람들이 북적거렸다.

택시의 번호판이 노랑색은 개인차, 파란색은 국가, 주황색은 군인, 빨간색은 렌트라고 한다. 그곳을 벗어나 미국이 지배했을 당시 국회의사당이었던 건물을 지금은 박물관으로 쓰고 있는 카피톨리오, 그 옆에는 오페라 하우스, 길 건너에는 출판사, 호텔들이 늘어선 아바나의 거리에서 사진을 찍고 다시 18세기 때부터 스페인 사람들이 산책하던 호세마르티 동상이 있는 중앙 공원을 지나 지하도로를 건넜다. 바라데오로 가기 위해서….

1959년 프랑스와 합작해 만든 길이가 756m인 바다 위 지하터널이다. 그곳을 통과해 도심을 빠져나오니 한적한 길이 교외로 펼쳐져 있다. 나는 지금 누구와 함께 이 길을 걷고 있는가. 그것이 내 인생을 바꿀 중요한 계기가 될 수도 있다는 것을 느끼면서 호세마르티의 동상을 곳곳에서 만났던 구 도시를 서서히 벗어났다.

기관차를 타고 살사 춤을

전혀 산이 보이지 않는 언덕에 끝없이 펼쳐진 나무들, 용설란을 키우는 하이네라 농장, 병원, 체육관을 지나 한 시간 이상 달려 바라데로로 가기 전 사탕수수농장을 들렀다. 무수하게 초원을 이루고 있는 마을 역에 기관차와 객차를 붙인 관광열차가 정차해 있다. 오늘은 쿠바의 문화를 즐기고 여행의 맛이 무엇인지 그 진수를 찾는 날이다.

5인조 그룹은 아침부터 음악을 선사하면서 흥을 돋우었다. 마라카스, 트레스(작은 기타모양), 기타, 아코디언, 기로(긁어내리는 악기)와 같은 쿠바 악기들을 손에 들고 자유롭게 몸을 흔들면서 들려주는 멜로디가 귀에 익었다. 「완따나메로」「라팔로마」「베싸메무쵸」「끼싸스」와 같은 곡들이 모두 쿠바 음악이라니… 그제야 나는 그들의 정서를 이해하게 되었다. 쿠바는 공산주의 이전에 이미 서방의 자유문화를 한 몸으로 받아들였던 나라가 아닌가. 열

5인조 그룹

차는 초원을 달리기 시작했다. 열려진 차창을 통해 초록 물결이 가슴 가득 들어왔다. 숨 가쁜 이 행복을 누구에게 전하랴.

의자에 달린 작은 접이 상 위로 음료와 과일이 놓여졌다. 술도 마음껏 마시라고 했지만 그 보다 창을 통해 바라보는 풀잎의 향기, 쏟아지는 햇빛, 거침없는 자유가 좋았다. 우리는 몸을 흔들며 춤추는 악사들의 재롱에 박수를 보냈다. 스페인 남부 안달루시아 지방에서 시작한 플라멩코 음악은 쿠바에 들어와 인디오 또는 아프리카에서 온 노동자들의 리듬과 섞여 미국으로 건너가 대중화되고 세계로 퍼져나갔다. 아프로 큐반의 요소가 다분한 리듬은 로맨틱하면서도 빠른 템포의 정열적인 분위기를 낳았다. 탱고의 기원 역시 아바나이고 맘보, 차차차, 살사가 모두 쿠바에서 비롯되었다고 하니 대단하지 않은가.

한창 낭만적인 분위기를 사로잡던 열차는 어느새 사탕수수밭에

바라데로 성당

다 우리를 내려주었다. 옥수수 같은 대궁을 깨무니 정말 달콤했다. 쿠바는 사탕수수 수출 제1위 국이다. 그들은 다시 달리는 열차에서 볼레로, 룸바, 살사 춤을 추면서 흥을 돋우고 함께한 일행이 일어나 보조를 맞추자 분위기는 한층 더 열광의 도가니 속으로 빠져들었다. 예지회 5명도 잠깐 합세를 했는데 어느새 종착지에 도착했다. 한국 사람들은 흥이 많다고 하지만 고희에 접어든 노년 부부들은 한 시간 반 동안 '에헴!' 하고 앉아 있었으니 악사들이 더 무안했을 것 같았다.

바라데로에서 신데렐라 꿈을

바라데로로 가기 위해 해안을 끼고 달렸다. 마탄자스 지역의 히카코스 반도에 위치한 이 해변은 아바나에서 140km 떨어진 곳에 있다. 대서양으로 뻗어 있는 긴 해변은 수심이 얕아서 수영하기 좋은 곳이다. 유전 시추기들이 곳곳에 거대하게 서 있는 것이 특이했다. 그 바닷가 옆 새로 지은 호텔이나 유전지대에서 석유가 나오면 멕시코, 프랑스, 베네수엘라 등 합작회사와 50% 이익금을 나눈다고 한다.

민틋하게 솟아 있는 언덕에 빽빽하게 들어서 있는 주택들 중심가를 지나다 보니 일반인들뿐 아니라 학교에서 파한 학생들이 많이 나와 있었다. 또 얼마큼 지나 '까마리오까'라는 마을을 지났는데 사회주의를 싫어하는 사람들이 이주해 와서 살고 있는 해변이란다.

바라데로에서는 모래 해변인 북쪽에서 수영을 즐기는데 남과 북을 가르는 도로를 달리다 보니 신나게 모터보트를 즐기는 외국인도 눈에 띄었다. 아름다운 경관과 해안을 둘러싼 경치에 취해 버스로 이동하는 두세 시간이 전혀 지루하지 않았다.

바라데오호텔 풀장

우리가 묵을 호텔은 세계적으로 유명한 관광지다. 정원 곳곳에 키가 큰 야자나무가 우거져 있고 수영복 차림의 여인네들과 선글라스를 낀 백인 남자들이 늘씬한 몸매를 햇볕에 그을리고 있었다. 예지회 5인은 주어진 자유시

바라데로에서 일행과 함께

간 말을 타고 시티 투어를 하기로 했다. 그런데 카메라가 내 손에 없어 기념품 파는 가계로 달려가니 그 자리에 그대로 놓여 있었다. 칠뜩이 짓을 또 한 셈이다. 모자를 써보고 구경을 하다가 그냥 왔으니 얼마나 고맙던지! “땡큐!”를 연발했다. 상점 주인은 씽끗 웃어주었다. 그 순수함에 호감을 느꼈다.

「바람과 함께 사라지다」에서 주인공 스칼렛이 마차를 타고 달려가던 장면이 연상되어 우리도 신나게 한 시간 가까이 말을 타고 시티 투어를 했다. 그리고 해변으로 나갔다. 덩치 큰 펠리칸이 날아다니고 붉은 석양이 정열의 화신처럼 모래톱에 머물러 있었다. 파도 소리를 들으며 눈을 감고 방하착을 하다가 대화의 문이 열렸다.

“어쩜, 내가 계속해서 가이드와 짝을 해도 바꾸자는 사람이 하나도 없어요. 너무 섭섭해요."

한 선생은 까딱하다간 울 것 같았다. 우린 그제야 "미안하다"고 사과를 하였다. 날마다 정신없이 일정에 쫓기다 보니 미처 마음을 써 주지 못했기에 짝 잃은 기러기를 위로하며 파도가 쓸고 간 모래사장에다 '사랑해'를 새겼다. 이튿날 아침 캐나다로 이민 온 한국 부부는 우리를 보고 반가워 어쩔 줄 몰라 했다. 지난밤 묵은 호텔은 세계 여러 나라 사람들이 머물다가는 최대 휴양지라고 전한다. 오른손에 팔찌를 채워 주면 호텔 경내의 레스토랑이나 오픈 바를 무제한 이용할 수 있게 되어 있다.

어둑어둑해질 무렵 근사한 분위기의 레스토랑을 찾아가니 젊은 여인이 고운 빛깔의 와인을 건네준다. 식탁을 잡고 앉자 이번엔 장미꽃을 한 송이씩 선사한다. 곧 생음악이 연주되었다. 마치 신데렐라가 된 기분이었다. 쿠바인들이 켜는 만돌린 같은 악기는 '리따오'다. 밤에도 곳곳에서 관광객을 위한 공연이 펼쳐진다는데 예지회 5명은 모두 편안하게 쉬기로 했다.

쿠바공항에서 저자

헤밍웨이의 박물관을 찾아서

헤밍웨이 박물관은 아바나에서 20km에 있는 라비히야 지역의 샌프란시스코 바울라에 있다. 그는 라비히야에다 전망 좋은 4헥타르의 별장을 짓고 그곳에서 30년을 살았다. 여러 나라를 돌아다니며 여행을 즐겼지만 마음의 고향은 늘 쿠바에 있었던가 보다. 런던에서 만난 통신원 '메리웰시'와 4번째 결혼을 하고 쿠바 핑카에서 다시 작품을 쓰기 시작했다.

우리가 방문한 박물관에서 집필한 『노인과 바다』는 녹새치를 낚은 늙은 어부가 밤새도록 그것과 씨름하다 상어 떼에게 뜯겨 뼈만 남은 고기 이야기다. 그 단편을 내고 퓰리처상을 받았고 이듬해 노벨문학상을 받았다. 입구에는 가족이 와서 머물다가는 별채가 있고 그 옆에는 본채가 있는데 별채를 열면 바로 정면에 고양이를 안고 있는 헤밍웨이의 사진이 붙어 있다. 하얀 벽의 본채 단층 건물 본관은 창문을 활짝 열어놓아 그가 쓰던 소장품들

헤밍웨이 박물관 거실

을 그대로 볼 수 있다.

그는 고양이 80마리와 개 4마리를 기르면서 평소에는 주로 사냥, 투우, 낚시를 즐겼는데 그런 탓인지 방에는 순록과 뿔 소머리들 박제품이 걸려 있고 동물표본 병도 볼 수 있었다. 책장에는 500여 권의 책이 꽂혀 있고 집필실에 앉아 책을 볼 수 있는 큰 탁상도 보인다. 침실과 화장실까지 책이 꽂혀 있어서 언제 어디서든지 손에 책을 들 수 있는 환경이었다. 박물관에는 카메라 촬영이 금지되었는데 감시 여인이 내게 눈을 찡긋하며 허용한다는 제스처를 보냈다. 나는 선심을 놓치지 않고 목례를 했다. 정원을 나와 오솔길을 따라 한참 걸어가니 길옆에는 4마리의 개 무덤과 그가 타던 배 '파일러'가 주인을 잃은 채 쓸쓸히 놓여 있었다.

헤밍웨이는 살아생전 아바나의 코히마르 지역의 해변에서 자주 낚시를 즐겼고 '라베라사' 식당에서 그레고리 영감과 자주 점심을 먹고 술을 마셨다 하여 그곳을 찾아갔다. 식당에는 헤밍웨이의 사진이 벽면에 일렬로 걸려 있었는데 소설의 주인공 그레고리 영감은 헤밍웨이를 그리며 식당을 왕래하다 102세에 별세했다고 한다.

헤밍웨이는 쿠바 혁명 때 핑카에서 쫓겨나 아이다호의 케첨에서 작품을 쓰려 했지만 불안과 우울증에 시달려 두 번이나 입원하고 전기쇼크 치료를 받다가 엽총으로 자살했다. 무자비하게 자신을 버린 용기의 화신이었던 헤밍웨이는 소설에서도 말했듯이 '용기는 압력에도 굴하지 않는 품위'라고 표현했었다. 스스로를 지키기 위해 용기 있게 죽어간 대문호였다.

기체 고장으로 묶인 5시간

올드 아바나를 보기 위해 쌩뜨로 옛 중심거리로 향했다. 지난밤에 보았던 도로를 걷다보니 꽃단장을 한 중년 여인이 노천에 앉아 있다가 나를 보고 눈웃음을 짓는다. 여인의 의상을 보니 마치 금방 연극 무대에라도 올라갈 사람처럼 독특한 행장이다. 알고 보니 그는 거리 청소부였다. 그뿐 아니다. 극장 앞에서는 대형 인형전이 벌어지고 있었다. 자세히 보니 그 인형이 서서히 움직인다. 웬일인가 싶어 깜짝 놀라보니 벽면에 전시해 놓았던 인형들은 변장한 예술인들이었다. 그걸 퍼포먼스라고 했던가? 무엇인가를 표현하고자 하는 예술의 한 형태라고….

또 광장 통로 한복판에서는 웬 남자가 광고 모델처럼 시가를 입에 물고 흐뭇한 표정을 짓고 있다. 그를 카메라에 담는 사람을 나도 카메라에 담았다. 거리 사람들의 표정은 모두 밝고 희화적이다. 쿠바인들의 낙천적인 얼굴들을 그런 데서 보는 듯 재미있었다. 공원엔 초등학교 어린이들이 답사를 나왔는지 한 떼 몰려 있고 책을 파는 가게, 체 게바라가 찍혀 있는 티셔츠를 파는 간이 상점도 보인다. 우리는 굳게 닫혀 있던 성당 내부를 둘러보고 그 옆에 있는 호텔에서 점심을 먹었다. 창밖으로 내다보이는 노천카페 앞에는 손님을 기다리는 마차도 보인다. 자정이 넘은 시간, 바로 전날 느꼈던 침침한 모습과는 전혀 다르게 활기 띤 모습이 쿠바의 또 다른 생동감으로 다가왔다.

일행 중 누군가가 시가를 구입하고 싶다고 하여 공항으로 가는 도중 시가 전문매장을 들렀다. 쿠바의 시가는 세계적으로도 유명한데 현지에서도 꽤 비싸다고 한다. 그 옆 도심 언덕에 자리 잡은 요새는 끝도 없이 회색 콘크리트로 이어져 있었다. 우리는 이틀간의 행복했던 시간을 작별하고 쿠바를 떠나 멕시코로 향했다. 그런데 비행기가 이륙한 지 얼마 안 되어 기체에 이상이 생겨 다시 쿠바로 돌아간다는 방송을 듣고 가슴이 철렁 내려앉았다.

쿠바 공항에서 우리는 나누어 준 티켓으로 빵과 음료를 사 먹고 5시간이나 기다렸다. 그렇지만 새벽 2시에 멕시코에 도착했으니 다음 날 일정엔 아무런 지장이 없었다. 쿠바에서 대기하는 동안 에어컨 바람 때문에 오들오들 떨었더니 멕시코 공항을 빠져나오자 재채기가 나오고 콧물이 줄줄 흘렀다. 여행을 하면서 약을 먹어보긴 처음이었다.

멕시코 중심가를 지나면서

해발 2,230m에 위치해 있는 멕시코는 고원이어서 태평양 쪽은 좁은 평야지대이고 멕시코만 쪽으로는 넓은 연안 평야로. 분지이기 때문에 대기오염이 심각하다. 원주민(몽골족)과 멕시코인이 혼합된 메스티소인이 대부분인 그 나라 사람들이 갓난아기 때는 엉덩이에 몽고반점이 있다니 우리와 같은 혈통이 아닌가 싶었다.

차창 너머로 침침한 빛깔의 멕시코 거리가 보였다. 도시는 스모그현상으로 자욱했다. 서울보다 더한 매연을 만난 듯했다. 한국의 명동쯤 되는 소나로사의 복잡한 거리는 사람들과 자동차로 붐비는 곳이다. 멕시코인들은 파티를 즐기는 문화가 있어서 주말엔 모두 바쁘단다.

산 위에 허름한 집들이 빽빽이 들어찬 것을 보니 우리나라 달동네가 연상되었다. 멕시칸 드림을 꿈꾸며 도시로 몰려드는 인구가 많아지면서 점점 빈곤층이 불어나고 있는 증거다. 전체 인구 중 멕시코시에서만 1/4이 살고 있으니 도시 집중화 현상은 어디가나 심각한 것 같다. 저소득층을 빼고는 1인 1대의 승용차를 가지고 있어서 자동차 클랙슨 소리가 시끄럽게 도심을 흔들었다.

거리에는 브라질산 보랏빛 꽃나무 '자카란타'가 자주 눈에 띄었다. 아카시아처럼 키 큰 나무의 화사한 꽃 빛이 도시의 정서를 조금은 바꿔준다고 할까? 그들은 부유하지 않아도 삶의 질을 먼저 생각하는지 행복 지수가 세계 2위란다. 어려서부터 춤을 생활화하여 자연스럽게 음악만 있으면 춤을 추는데 대가족 제도 속에서도 낙천적인 성격을 지녀서 주말이면 가족이나 이웃들과 파티를 열고 여행 떠나길 좋아한다고 했다.

태양 피라미드와 달의 피라미드

테오티와칸은 아메리카 대륙의 원주민 도시로 멕시코에서 동쪽으로 50km에 위치해 있는 고대 도시이다. 그곳에는 우뚝 솟아 있는 태양 피라미드와 달 피라미드가 있는데 AD 150년경에 세웠던 것을 다시 복원해 놓은 것이다. 그 일대 지하에는 아직도 발굴되지 않은 많은 유적지가 있고 해의 피라미드는 세계에서도 3번째 가는 유적이라고 한다.

테오티와칸은 신들의 도시라고 하지만 신은 고대사회에서 왕을 뜻하지 않았던가. 중앙에는 정부청사가 있고 양쪽으로 23개의 왕궁과 신전들이 규칙적으로 담을 쌓은 듯 늘어서 있다. 넓은 직선도로가 길게 나 있는 오른쪽에는 태양 피라미드가 높이 솟아 있고 그 도로를 따라 끝까지 가면 북쪽으로 달의 피라미드가 한복판에 세워져 있다. 아즈텍카 사람들은 그곳을 정복하였을 때 피라미드가 동산처럼 흙에 묻혀 있는 넓은 길을 보고 '죽은 자의

태양피라미드 앞에서 저자

길'이라고 불렀다.

정부청사 궁전 중앙계단 양옆으로는 뱀 머리 조각상이 있는데 그걸 보아도 그들은 뱀신과 물의 신을 믿었던 흔적을 알 수 있다. 달의 피라미드 쪽 중간에도 퓨마 그림이 그려져 있어서 그 화려한 프레스코화를 보면 테오티와칸인들이 태양, 달, 불, 바람, 물의 신을 믿으면서 미래를 기다렸으리라. 더구나 태양 피라미드는 행성과 소행성의 궤도를 그대로 나타내어 상공에서 보면 목성과 토성이 되고 달 피라미드는 천왕성, 벽을 쌓은 수로의 물길(죽은 자의 길)은 은하수로 보인다. 도시가 한눈에 내려다보이는 그곳에서 태양신을 달래기 위해 제사를 지내고 춤을 추며 축제를 벌였을 테오티와칸 사람들이 대단하게 느껴졌다. 그 유적지는 미국의 고고학자가 발견하였다고 한다.

어떻게 고대 사람들은 천체를 그렇게 환히 알 수 있었는지 분석적이고 과학적인 머리를 가졌으니 사람을 만물의 영장이라고 했나 보다. 태양 피라미드는 지구라트 형식의 4단으로 되어 있는데 달의 피라미드는 이보다 낮지만 지대가 더 높아 보인다.

예지회 5명 중 한 사람은 고산증을 느껴 약 먹은 병아리처럼 맥을 못 추었는데 나는 감기약을 먹었건만 콧물이 멎지 않아 하루종일 휴지를 달고 다녀야 했다. 코밑이 얼얼하다고 했더니 가이드가 준 알레르기 약을 먹고 좀 나아졌다.

멕시코의 독립과 혁명운동

아즈텍카인들은 스페인이 들어오자 자신들의 미래 신이라고 생각하고 특별한 저항이 없었다. 그 후 프란스코데 몬테호가 마야 문명의 잔존자들을 지배하고 나서 협상을 통해 스페인으로부터 독립을 선포할 때까지 멕시코는 스페인의 관할 지역이었다. 그러나 군사 반란으로 멕시코 공화국을 의회에서 통과시키면서 미국 헌법을 기초로 한 연방헌법을 채택하게 된다. 그 뒤 미국 정부는 텍사스를 병합할 것을 결의하고 전쟁을 일으킨다.

미국에 패한 멕시코는 그 지배하에 놓이게 되는데 1848년 2월에 체결한 과달루페 이달고 조약에 따라 콜로라도 주 서부와 네바다, 유타, 텍사스, 캘리포니아, 뉴멕시코주에 해당하는 136만 평방km를 할양하고 그 대가로 1,500만 달러를 받았다. 미국은 지금의 멕시코보다 더 큰 땅을 소유하게 된 것이다. 그 원인으로 멕시코는 1857년에 개혁을 위한 혁명을 겪는데 자유주의자들의 승리로 헌법을 제정하였으나 개혁파와 보수파 간에 끊임없는 분쟁이 일면서 내란에 시달리고 노동자들에 의해 쿠데타를 겪게 된다. 여러 당파들은 동맹관계를 바꾸면서 오랫동안 격렬하게 싸움을 해 온 것이다.

멕시코는 정치적 불안 속에서도 혁명당을 조직하고 개혁을 이루려고 노력하였으므로 대대적인 토지개혁과 노동자를 규합한 멕시코 노동 연합을 만들었다. 세계 2차대전을 치르고 나서는 정치, 경제에 주력하면서 성장해 오다가 1970년대 중반쯤 주요 산유국의 대열로 접어들었는데 포르티요 대통령의 임기가 끝날 무렵 석유 수입에서 얻어 들이는 외화를 믿고 외채를 너무 많이 쓴 결과 심각한 재정난에 빠졌었다.

집권자의 실수는 오랫동안 후유증을 낳는 모양이다. 그들은 지금도 휘청거리는 경제를 일으키려고 한국의 새마을 운동을 모델로 박정희를 영웅으로 알고 있었다. 멕시코에도 한류 열풍이 불어와 「별은 내 가슴에」 「겨울연가」 「올드 보이」 「집으로」 등 우리나라 영화를 보면서 젊은이들은 한국의 문화를 배우고 싶어 하는데 한국에서 이민 온 수녀님이 빈민층 자녀를 골라 교육을 시키면서 사회적으로 봉사활동을 펼치고 있어서 더 좋은 이미지를 보이고 있단다. 그러나 아직도 미국에 대한 반미감정은 큰 나라였다.

소칼로 광장의 대성당과 과달루페 사원

태양 피라미드를 걸어 나오다 보면 그 옆에 선인장 농장이 보인다. 관광상품은 화석에서 나온 흑요석 기념품. 멕시코를 대표할 수 있는 화산석과 과나아또의 은광석에서 나온 화려한 은제품의 목걸이 팔찌 귀걸이를 팔고 있다. 올메카인들, 아즈텍카인들의 모형을 조각한 마스코트도 팔고 있었는데 마스코트라도 흉측한 모습이었다.

멕시코인들의 주식은 옥수수다. 그들은 지금도 '또르띠아' '타코'라는 음식을 많이 먹는다. 그것은 옥수수 전병에 고기와 고추를 싸기도 하고 토마토, 양상추, 치즈 등을 넣은 멕시코의 샌드위치와 같은 음식들이다. 또 멕시코 사람들은 손가락 선인장 '노팔'을 옥수수 다음 주식처럼 먹는다. 2000년 전부터 테오티와칸 사람들은 우리나라 막걸리와 같은 '뿔께'를 선인장으로 만들어 먹었고 바늘과 실뿐 아니라 종이, 직물까지 선인장을 통해 만들어 썼다.

선인장

중부 고원지대에는 대대적인 선인장 재배단지가 많다. 거리에도 가로수 대신 선인장이 심어져 있는데 우리나라에서 보는 용설란과 같은 것이다. 또 '마게이'라는 것도 선인장 종류인데 그것으로 양주 테킬라를 만든다고 하여 스페인 식민지 때부터 제조 역사를 가진 술을 한 병 사 오고 싶었지만 남은 일정이 길어서 포기를 했다. 남편과 사위 생각이 나서 좀 아쉽긴 했지만 어쩌랴. 백년초 '뚜나' 역시 선인장이 주 원료여서 무병장수를 한다는 걸 알고 그 효용가치가 널리 퍼져있다고 한다.

과달루페 성당 입구

소칼로 광장의 과달루페 사원

버스를 타고 도심으로 진입을 하다 보니 천사의 탑이 세워져 있는 공원이 보인다. 바실리카에 있는 과달루페 성당은 1521년에 세워진 성당으로 예수님 치마폭에 성모님이 발의했다는 예언의 성지여서 각국의 신자들

소깔로에 있는 대성당

이 방문하고 싶어 하는 순례 코스다. 버스에서 내리니 소나기가 쏟아졌다. 궂은 날씨에도 성당 앞에서는 초를 파는 장사꾼들과 신도들, 그리고 행인들이 북적거려 혼잡을 이뤘다. 교황 바오로 2세의 동상이 있는 구건물은 지대가 가라앉아 파괴될 위험 때문인지 그 옆에 다시 지은 신관 건물이 있다.

마침 신관 건물 안에서는 성인식이 거행되었다. 2명의 소녀가 분홍 드레스를 입고 신도들이 보는 앞에서 신부와 함께 의식을 치렀다. 멕시코에서는 15세가 되면 부모가 성인식을 치러준다. 비가 점점 더 쏟아졌지만 성당 후안 뜰에 모셔져 있는 검은 성모님의 동상을 보러 갔더니. 뱀의 머리 위에서 뱀을 물리쳤다는 세계 3대 성지 중의 하나라 그런지 관광객들이 북적였다.

우리는 다시 멕시코의 배꼽, 아즈텍의 수도였던 소칼로 광장에 가서 대성당을 보았다. 스페인의 정복과 함께 남미에 들어온 것

과달루페 성당(신관)

은 가톨릭인데 멕시코 역시 제외될 수는 없었다. 300년에 걸쳐 멕시코와 아메리칸이 합작으로 세운 이 대성당은 화려한 추리케레스코 양식 건물이었는데. 주말이라 도심 한복판에도 사람들이 많았다. 멕시코는 치안이 잘 되어 있지 않다고 하여 소지품을 주의하라는 명이 떨어졌다.

김치찌개를 먹고 기내에서 숙박을

엿새 만에 입에 맞는 밥을 먹고 김치찌개를 먹어보는 황홀감은 어디에도 비할 수 없는 행복을 주었다. 식당에서 풍겨 나오는 신 김치찌개 맛에 벌써 군침이 돌았다. 한국인들은 멕시코에 20만 명이 살고 있는데 우리 교포가 운영하는 음식점을 들어서니 마치 고국에라도 돌아온 느낌이었다.

순식간에 밥 한 공기들을 뚝딱 해치우고 나니 세상 부러울 것

성모발현 조각공원

이 없었다. 밤 10시 비행기를 타게 되어 있어서 별로 서둘지 않아도 되었으므로 커피까지 마시고 느긋하게 공항으로 이동을 했다. 우리는 그날 밤 비행기 안에서 8시간을 보내야 했다. 다행히 늦은 밤 운행을 하니 한잠 자고 나면 다음 날 아침이 되는 셈이다. 나는 눈을 감고 멕시코와 쿠바의 인상 깊었던 장소들을 다시 돌아보았다. 칸쿤의 태평양 바다와 바라데로의 대서양 바다는 원없이 보았지만 에메랄드빛과 코발트빛에 넋이 나갔던 순간들이 한 폭의 그림으로 남았다.

놀라웠던 것은 멕시코의 마야문명이 얼마나 대단한지 20진법을 사용하고 숫자를 쓰고 신성문자를 썼으며 천문학과 과학이 발달했던 그 시대의 문화를 직접 확인할 수 있었다는 게 신기했다.

톨테카족들은 마치 마야인들과 교류라도 한 듯 비슷한 문화를 갖고 있었는데 그 당시 과테말라와 온두라스 지역 곳곳에서는 부족 국가들이 융기하듯 일어나 나라를 세웠으니 서로가 영향을 받지 않았을까 싶다. 밀림에서 문명을 일군 원주민들이라 방울뱀을 보고 신으로 섬기지 않을 수 없었다는 것도 인정이 가는 일이다.

그러나 태양신을 위로하기 위해 벌떡벌떡 뛰는 심장을 착물에 얹어 놓고 제사를 지냈을 광경들을 생각하면 후에 멕시코가 독립하고 100여 년 가까이 혁명과 내란으로 혼란스럽던 역사를 가진 것도 다혈질적인 토착민 기질이 아닌가 싶다. 또 스페인 지배 직전에 있었던 아즈텍카족이 얼마나 화려하고 웅장하며 거대한 제국을 만들었던지 그 원주민들이 아직도 존재한다는 게 이집트 못지않은 문명국이었음을 생각했다. 그런 면에서 보면 멕시코인들이 자긍심을 가져도 좋을 것이다.

쿠바의 낭만은 또 얼마나 멋진가. 자유주의 국가에서 사회주의 국가로 변질될 수밖에 없었던 그들의 운명은 신의 뜻이 아니었을까? 아바나의 쌩뜨로 거리와 바라데로의 휴양지에서 맛보았던 즐거움도 세월 속에서 그리움처럼 나를 행복하게 할 것이다. 아름답고 순수하며 낙천적인 쿠바인들의 순수함도 호감이 갔다. '살사, 룸바, 차차차'가 있고 오리지널 명곡들이 출발한 쿠바의 본향 바라데로에서의 열차여행… 낙원을 방불케 하는, 짧지만 황홀한 순간들이 오래오래 기억될 것이다.

태초에 하나님이 만들었던 물빛과 모래톱을 거닐며 낙조를 바라보던 여유!. 처음부터 용기 있게 선택한 남미 여행길이지만 얼마나 값진 축복을 안겨주었던지… 행복은 용기 있는 자가 개척한 시간이다. 이제 나는 또 내일의 새로운 체험을 위해 기내에서 편안한 휴식을 취하지 않으면 안 된다. 가슴 벅차게 남아 있는 날들을 위해 무거운 눈꺼풀을 편안하게 붙여 보아야겠다.

7

아르헨티나
브라질

산뗄모 도레고 광장과의 첫 대면

북청색 하늘 위로 다홍색 햇무리가 띠를 두르기 시작한다. 시간이 흘러도 정지되어 있는 듯한 하늘을 보면서 혹시 비행기가 발이 묶여 있는 건 아닐까 의문이 갔다. 시간은 점차 흐르고 하늘이 밝아지면서 동녘에서는 눈부신 태양빛이 쏟아지고 있었다. 잠깐 눈을 붙였나 했는데 어느새 날이 밝아오고 있다. 밖을 내다보니 험악한 고원지대를 날고 있었다. 아르헨티나는 안데스 산맥 동부에 위치해 있어서 높은 산들이 솟아 있는데 그 위를 지나가는 모양이었다. 비행기는 어느새 아르헨티나의 수도 부에노스아이레스에다 우리를 내려놓았다.

아르헨티나는 1536년 스페인 사람에 의해 세워졌는데 남한의 28배나 되는 땅덩어리를 가진 나라다. 우리나라와 시차가 12시간이나 되어서 완전히 낮과 밤이 뒤바뀐 상태다. 예전엔 한때 세계적으로 명성을 날렸던 부국이 지금은 가난한 나라로 전락해 있는데 국민의 행복 지수는 1위라고 한다.

먼저 시내 구경을 하려고 도시 중심가로 들어서니 공원은 녹색 숲을 이루고 있다. 그중 분홍색 꽃을 피운 나무들이 유독 시선을 끈다. 그 꽃은 '빨로 보라초'라고도 하고 일명 '술취한 나무'라고도 하는데 아카시아 꽃처럼 키가 큰 나무에 분홍 꽃이 만발해 있었다. 멕시코에서 본 자카란타를 닮은 것 같은데 화사한 꽃들이 먼저 우리를 반겼다. 스페인 지배 당시 200년 동안 세워졌던 육중한 건물들이 늘어선 거리는 마치 유럽의 어느 번화가를 옮겨다 놓은 듯했다.

거리의 풍경

부에노스아이레스란 스페인어로 '좋은 공기'라는 뜻이다. 아르헨티나의 수도인 그곳은 세계에서 유일하게 동성 연애결혼이 허용된 나라다. 그만큼 개방적인 사고를 가졌다고나 할까? 도심 주변은 거의 공원으로 둘려져 있고 젊은이들이 대낮인데도 잔디 위 곳곳에서 밀어를 나누는 모습이 눈에 띤다. 행인들이 지나다녀도 아무렇지 않게 입을 맞추고 포옹하는 모습이 동양적 사고로 보아 잘 이해되지 않았다. 우리가 처음으로 들른 곳은 산뗄모에 있는 도레고 광장이었다. 매주 일요일이면 그곳에서 벼룩시장이 열린다고 한다.

규모가 작은 그 중앙광장 돌바닥을 디디니 낯선 광경들과 부딪

거리의 퍼포먼스

히게 된다. 길거리 한가운데 웬 동상이 있는가 했더니 얼굴부터 몸체를 하얗게 칠하고 부동자세로 서 있던 사람이 갑자기 움직인다. 지나가던 행인들이 깜짝 놀라 주춤하며 폭소를 터뜨린다. 그 옆에서는 왕년에 유명 배우나 되었던지 자신의 사진을 걸어 놓고 한껏 멋을 부린 은발의 할머니도 보인다. 하이힐을 신고 미니스커트 차림으로 서성거리는데 무엇을 하는 것인지 알 수가 없다. 아코디언을 켜면서 행인의 적선을 기다리는 아이도 있고 요란한 악기 소리가 흘러나와 자세히 보니 CD판매자들의 홍보 전술인 듯했다.

60대쯤 되어 보이는 두 노인이 신나게 아코디언과 기타를 합주하고 있었다. 나도 그 틈에 끼어 구경을 하다가 벼룩시장을 둘러보았다. 수저, 도자기, 액세서리, 시계, 반지, 수공예품과 속옷, 그림들까지 자질구레하면서 비슷비슷한 물건들이 쌓여 있다. 잘만 고르면 얼마든지 횡재를 한다는데 골동품들을 볼 줄 몰라서일까 별로 흥미가 느껴지지 않았다.

레골레타에 있는 위대한 사자마을

부에노스아이레스에 있는 레골레타 공동묘지는 금싸라기 땅에 자리잡은 명가 중의 명가다. 1822년에 만들어진 그 묘지에는 대통령, 문호, 예술인 등 특수층의 사람들이 묻혀 있는데 그곳은 부에노스아이레스에서 가장 비싼 노른자위 땅이라고 한다. 웬만큼 부유하지 않으면 감당하기 어려울 만큼 일 년에 내는 토지세가 대단하다는데 여러 구의 시신이 안치된 가족묘부터 언제나 꽃이 떨어지지 않는다는 '에비타' 묘까지 유명한 사람들의 조각상들이 화려하게 장식되어 있다. 그곳은 공동묘지라기보다 조각 전시장 같았다. 가지각색의 아름다운 모양의 조형물들이 묘지 앞에 줄줄이 세워져 있어서 낮이면 많은 사람들이 그곳에 놀러와 공원처럼 휴식을 취하는 곳이다.

거리의 할머니

5,000구가 넘는 위대한 그 사자 마을은 가로와 세로가 100m로 토지 구획 정리가 잘 되어 있다. 그렇지만 한여름이 되면 가스를 방출하여 시신 썩는 냄새가 코를 찌른다는데 그 나라에선 내세를 믿는 가톨릭교도들이 많아서인지 대부분 기쁜 마음으로 죽은 자와 함께 호흡한다고 한다. 우리나라 사람들 같으면 명동거리 한복판에다 공동묘지를 세운다는 것은 꿈도 꿀 수 없는 일이어서 주민들의 반대에 비석이 온전히 남아 있기도 어려울 것이다.

묘지 1구의 땅값이 아파트 몇 채의 값을 넘는 금값이라니 죽

레골레타 사자마을

은 사람을 모신 땅값이 산 사람 집값보다 비싼 것이다. 아무래도 우리의 생각으로는 이해가 되지 않는 일이다.

땅거미가 지는 저녁 6시가 되면 필라르 성당의 종소리와 함께 시민들의 출입도 통제된다. 아마도 그 시간이면 귀신들이 활동하는 시간이어서 유령이라도 나올까 봐 그러는 것은 아닐까.

사자들의 마을 중간쯤에는 죽은 넋을 위로하려는 양 예수의 동상이 서 있고 대리석으로 빚은 조각상들이 웬만한 유택은 저리가라 할 만큼 품위 있게 꾸며져 있다. 어떤 묘는 스테인리스로 망을 친 것도 있고 어떤 묘지는 육안으로 보이게 관을 놓아둔 것도 있다. 또 어떤 것은 들풀이 자라는 화단도 있고 묘지 앞에 시들지 않은 꽃들이 꽂혀 있는 곳도 많다. 살아있는 사람들보다 더 많은 세금을 내고 있는 죽은 자들의 호화 유택은 진정 사자들의 행복을 위한 투자인지 산 자의 위안인지 알 수가 없다. 아무튼 산 자와 죽은 자가 함께하고 있는 공간이 금싸라기 같은 명동 가운데 있다는 것은 아무래도 놀라운 사실이었다.

부에노스아이레스의 명소를 돌아보며

필라르 성당이 있는 레골레타 공동묘지로 들어가는 입구문 아치에는 '메시아를 기다린다'는 글씨가 커다랗게 써 있다. 필라르 성당은 부에노스아이레스에서 2번째로 오래된 성당이다. 그 앞에는 벽돌색 건물의 레골레타 문화원이 있는데 본래는 수도원이었던 것을 지금은 개조하여 한쪽 문화 공간은 화랑으로 아래층은 유럽 거장들의 작품을 볼 수 있는 국립미술관으로 사용하고 있다.

그 옆에는 빠레스 글라스라고 하는 또 다른 미술관이 있는데 공동묘지 옆에 있는 성당 문 도로 건너편에는 피에타 동상이 서 있고 그 옆으로는 200년이 넘는 고무나무가 보호수로 서 있다. 그 우람한 고무나무 뒤쪽에서도 열심히 탱고를 추는 연인들이 보였다. 레골레타라는 파리 마을은 주말이면 엄청나게 사람들이 몰려들어 발 디딜 틈 없이 붐비는 곳이다. 그곳에도 많은 시민들이 지켜보는 앞에서 자연스럽게 춤추는 젊은이들과 그들의 흥을 돋워주는 악사들이 있었다. 어딜 가나 볼 수 있는 그 모습들은 부에노스아이레스의 상징이다. 정겹고 아름다운 춤을 지켜보다가 우리는 다시 버스를 타고 5월의 광장으로 이동했다.

프랑스와 이탈리아 건물들이 중후하게 들어서 있는 2.5m '5월의 대로'는 화려했다. 굵직굵직한 핵심 금융기관들이 빽빽이 들어서 있어 유럽 어디에 내놓아도 뒤지지 않는 건축물들이 즐비했다. 그 도시를 보고 프랑스의 유명한 건축가는 '욕망과 힘이 넘치는 거대한 도시'라고 찬사를 보냈는데 중앙의 최고 명소엔 100여 개가 넘는 미술관과 극장, 박물관, 연주회장이 몰려있어 문화의 중심지가 되고 있다. 그곳은 1930년대부터 지하철이 다니면서 많은 인구가 몰려들어 남미 여러 나라 중에서도 가장 활발하게 움직이는 도시이다. 지금은 정부에서 팽창 인구를 분산해야 할 만큼 골치를 앓고 있는 곳이다.

국회의사당 앞 광장에는 '생각하는 사람' 동상이 서 있고 100여 명을 수용할 수 있는 대형 노천카페도 있다. 다시 7월 9일 테로의 거리로 들어서면 오른쪽으로 1908년에 지어진 세계 최고의 오페라하우스가 자리 잡고 있는데 그 건물은 2008년 5월 25일을 개장 목적으로 전면 재단 공사를 하고 있었다. 반대편으로는 부에노스아이레스 탄생 400주년을 기념하기 위해 세운 오벨리스크가 하늘을 찌를 듯 높이 서 있다. 그 오벨리스크는 한 달 만에 시멘트로 급조된 건축물이라고 한다. 이집트의 오벨리스크 못지않은 그 구조물은 지난해에도 탱고 음악회를 가질 만큼 도시의

대통령궁

상징물로 우뚝 서 있었다.

우리는 드디어 부에노스아이레스의 유명하다는 5월의 광장에 도착했다. 도대체 왜 그곳을 5월의 광장이라고 하는지 처음엔 알 수 없었다. 그러나 아르헨티나도 우리나라처럼 민주화 과정을 거치면서 최악의 희생자를 냈던 모양이다. 1976년부터 8년간 군사정권이 들어서면서 무제한의 국가 폭력을 동원하여 시민들을 납치, 체포, 고문, 사살하자 그에 대항하여 비폭력 저항운동이 조직되었는데 5월의 광장에서는 어머니회와 인권단체, 반 독재민주화 운동이 일어나 민주주의를 쟁취하기까지 희생된 숫자가 엄청났었다. 정치범이 1만 명, 강제 실종자가 3만 명, 정치적 망명자가

30만 명이나 되었다니 어느 나라든지 자유의 물결을 타기 위해 희생된 인구를 동반해야 나라가 발전하는 모양이다. 민주주의 지키기 위해 4 · 19나 5 · 16혁명을 치렀던 우리나라의 뼈아픈 상처를 보는 것 같아서 동병상련의 정이 느껴졌다.

부에노스아이레스는 1810년 도시가 만들어지면서 광장, 학교, 성당이 들어서게 되는데 리오데 자네이루에서 옮겨왔다는 키가 큰 야자나무도 떡 버티어 있다. 12기둥이 서 있는 대성당과 시청사, 까빌로 식민통치기구 사이로 멀리 오벨리스크가 내다 보였다. 분홍색 건물의 대통령궁 역시 보수 중이었는데 그 광장에는 5월혁명 1주년을 기념하는 산 마르틴 장군의 탑이 서 있고 일년 내내 횃불이 꺼지지 않는다는 성당도 있었다.

신화에 신화를 낳은 에비타 성역

에비타는 아르헨티나 사람들에게 영원히 사랑받고 있는 신화적인 인물이다. 그녀의 시신 역시 레골레타 공동묘지에 묻혀 있는데 그녀의 묘지 앞에는 항상 꽃이 꽂혀 있을 만큼 국민들의 열광적인 사랑을 받고 있다. 33살 젊은 나이에 요절한 그녀가 무엇 때문에 그처럼 인기를 독차지하고 있는 것일까?

영화 「에비타」에 나오는 주제곡을 보면 '아르헨티나여 나를 위해 울지 말아요' 그녀가 세상을 떠나면서 마지막으로 남긴 말이 가슴을 뜯는다. 에비타는 '마리아 에바 두아르테'라는 이름의 사생아로 태어나 가난한 시골에서 15세까지 살던 초라한 신분이었다. 배우의 꿈을 안고 가출을 하여 레골레타 역에 도착한 그녀는 2년 후에 신분이 상승되어 라디오 방송과 영화배우로 출연하면서 만인의 인기를 얻게 된다.

당시 아르헨티나는 노동자들의 복지제도 확충에 노력하고 있었으나 이에 미흡하다고 느꼈던 그들이 더 많은 조건을 내세우고 있었다. 세계 2차대전을 치르면서 유럽과 미국의 참전에도 불구 친독정치를 펼치고 있을 때 후안 페론은 민족주의적 성향을 가진 군부 소장파들과 함께 정부를 전복 시키고 정권을 잡았다. 파렐 장군의 부관이었던 페론은 마침내 정치의 실권자로 성장하면서 여러 장관을 두루 거치며 페론주의를 닦고 있었는데 그 시절 에비타를 만나게 된 것이다. 마침 페론은 병고로 아내를 잃고 난 직후였으니 24살이나 아래인 미모의 여배우와 만난 것은 행운 중에 행운이었다.

미모가 출중했던 25세의 에비타는 영리하여 자신의 출세 지름길이 확실했던 페론을 놓칠 수는 없었다. 두 사람은 서로의 계산이 맞아 불붙듯 동거에 들어갔고 수상으로 출마한 페론의 지지 운동에 들어갔던 에비타는 1944년 결혼과 동시 정권을 잡게 되면서 일약 국모로 변신하게 된다. 1930년대 아르헨티나는 세계 5위권 안에 들만큼 부국이었다. 그러나 산업 구조 조정에 실패하면서 외국자본이 주춤하게 되자 노동자들의 지위를 강화시켜 소득향상을 통해 내수를 진작시켜 공업 발전을 꾀할 작전이었다. 페론 집권 초기에는 이러한 계획들이 성공하여 승승장구할 수 있었는데 이것은 세계 제2차 대전 이후 식량 수요 증가로 농축산물의 수출이 증가하면서 벌어들인 외화 덕분이었다. 또한 퍼스트 레이디였던 에비타의 입김이 크게 작용한 때문이기도 했다.

에비타는 어렵고 가난한 사람들을 위해 헌신적으로 봉사를 하면서 차츰 여성과 빈민층, 노동자들에게 성녀로 떠받들려지기 시

에바페론 묘비

작했다. 그러나 페론의 공업화 정책이 수입대체 전략에 기초한 경공업 소비재 위주가 되면서 외환 사정을 악화시키게 되자 에바페론은 포퓰리즘에 빠져 독재정치를 강행하게 된다.

군부의 나눠 먹기식 권력 다툼으로 나라가 부실해지자 아르헨티나는 1980년대 남미 위기 최초의 나라로 전락하는데 에비타는 개혁이란 명분으로 자신의 이름을 딴 학교, 병원, 고아원을 건립한 뒤 무료 진료는 물론 재해 국가들에게 거금을 기부하는 등 물량 공세로 인기영합에 들어갔다. 페론과 함께 노동자들의 구제에 나섰던 에비타는 결국 육체와 정신의 혹사로 33세 젊은 나이에 자궁암에 걸려 세상을 뜨게 된다. 그 후 3년 뒤 페론도 군부 쿠데타로 실각하게 된다.

에비타의 시신은 방부처리 되어 노동총연맹에 안치되었다가 실각 후 반대파들에 의해 돌을 넣은 11개의 관으로 위장되어 세계 각국으로 보내진다. 그중 시신이 들어 있던 관은 이탈리아 밀라노에 도착되는데 20년이 지나 페론이 다시 재집권에 성공하자 그의 유해를 레골레타 묘지에 묻어주게 된다. 페론은 26살이나 아래인 에비타를 닮은 이사벨과 다시 재혼하였고 이사벨은 에비

카미니또 거리

타를 가장 존경하는 여인으로 꼽으며 부통령까지 오른 명사가 되었다.

지금도 노동조합이나 시골엘 가면 에비타의 사진을 걸어 놓은 곳이 많고 그녀의 레골레타 묘역엔 하루도 꽃이 떨어질 날이 없을 만큼 전 국민의 사랑을 받고 있다. 그녀는 천민 출신이었으나 단연 신데렐라가 되어 퍼스트 레이디가 되었던 신화를 가지고 있어 살아 있을 때부터 화제를 뿌렸었다. 비록 페론주의에서 벗어나지는 못했지만 뮤지컬 「돈 크라이 포 미 아르헨티나」로 신화를 보탤 만큼 극과 극의 인생을 살다간 드라마틱한 여인, 그녀는 비록 젊어 세상을 떴지만 만인의 사랑을 받고 있으니 행복한 여인이 아니던가.

국제적인 공연의 향기 탱고

시내 구경을 마치고 호텔에 투숙한 우리들은 국제적인 공연장에서 탱고를 관람하며 저녁을 먹었다. 되도록 화려한 의상을 갖춰 입고 파티 현장에 입장하라는데 나는 미처 그런 준비를 하지 못했다. 독수리 5형제 중 임 시인은 멕시코 치첸이사에서 산 드레스를 차려입고 한껏 폼을 냈는데 파티장 입구에서 맞이하는 무희의 화려한 의상과 잘 어울려 사진 촬영을 하는 모습이 근사했다. 역시 분위기를 끈내주게 연출하는 그녀의 센스가 돋보이는 저녁이다. 우리는 무대 앞쪽으로 가서 자리를 잡고 와인과 과일을 시켰다.

외국 각지에서 탱고 공연을 보기 위해 모인 사람들이 대형 바를 가득 채우고 있었다. 먼저 음식을 먹으면서 대화를 나눈 후 10시부터 관중을 흔드는 가우초의 율동을 시작으로 한 쌍의 남녀가 화려한 의상을 차려입고 탱고의 서장을 열었다. 참으로 이

상한 것은 그 빠른 템포와 화려한 춤이 빈민가에서 시작되었다는 점이다. 처음 탱고는 탱고라고 부르지 않고 바일레 콘 코르테라고 불렀다. 스페인 안달루시아에서 들어온 플라멩코는 15세기 이후 저지대 상공업 지역에서 활동하던 집시들의 노래와 무용으로 여자는 주름이 많은 긴 드레스, 남자는 조끼에 바지를 입고 춤을 추었다. 그날의 무희들은 S라인이 선명한 원피스를 입고 남자는 정장 스타일을 하고 있었다. 역시 2박자인 쿵짝 조로 이어지는 탱고는 경쾌하고 빠른 음조인데 특히 머리를 스타카토 음에 맞춰 좌우로 강하게 힘주어 돌리면서 손과 발을 움직이는 것이 신바람을 부추기기도 하고 아슬아슬한 육감미를 낳았다.

다리와 다리 사이로 서로의 다리가 교차되고 여성을 번쩍 들어

올려 등 뒤로 돌리는 데다 다시 안아 내리면서 몸과 몸이 스치는 적극적이고도 과감한 동작이 스릴을 느끼게 한다. 한 시간 반 동안 이어지는 공연 모두 그렇게 불꽃을 튀겼다. 우리가 평소에 보았던 탱고는 유럽풍의 콘티넨털 탱고로 1920년에 상영되었던 영화 「탱고」가 화제가 되면서 대중에게 보급된 것인데 그 춤은 그렇게 적나라하지는 않았다. 그러나 아르헨티나 탱고는 정열적이고 낭만적이며 매혹적인 레퍼토리를 가지고 있어서 상대를 유혹하는 듯한 관능적인 요소를 갖추고 있다. 아코디언과 기타 반주가 탱고의 흥을 돋우기 충분하였는데 그 동작의 특징은 톡톡 끊는 스텝과 공격적이고 열정적이면서도 신속하고 정확한 율동이 기본을 이루고 있다.

우리 일행들은 하나같이 지난밤 기내에서 제대로 잠을 자지 못한데다 하루 종일 시내 관광을 하느라고 피곤했던지 모두 꾸벅꾸벅 졸았다. 그 무슨 무례함인지! 아무리 눈을 뜨려 해도 자연스럽게 눈꺼풀이 감겼으므로 반은 졸고 반은 구경을 할 수밖에 없었다. 다만 화려한 무대와 신나는 리듬에 맞춰 정열적인 모션으로 남녀가 춤을 추고 있다는 끈적끈적한 분위기에 비몽사몽 젖었을 뿐이다.

이과수 폭포의 두 얼굴

아르헨티나는 동쪽의 대서양과 서쪽의 안데스산맥 사이에 있으며 남아메리카에서는 두 번째, 세계에서는 여덟 번째로 큰 나라이다. 우리는 아르헨티나 북쪽에 있는 이과수 폭포로 가기 위해 비행기 편으로 푸에르또 이과수 시 국립공원으로 이동을 하였다. 마침 기내 창가 옆이 내 자리였으므로 2시간 가까이 창밖으로 펼쳐진 광활한 밀림지대를 내려다보니 가도 가도 끝없는 초록 융단이 펼쳐져 있었다. 숲을 끼고 뱀처럼 굽이굽이 흐르는 강물의 붉은 띠를 보면서 세계의 허파라고 불리는 아마존은 아닐까 했는데, 파라나강 육지 부근의 밀림을 개척해서 수십만 평 땅에 농작물을 심어 놓은 것이 모두 커피와 콩이었다.

이과수 국립공원 안의 유명한 갈비요리 '아사도'는 둘이 먹다가 하나 죽어도 모르는 맛이었다. 직접 요리사들에게 주문을 하여 안창살과 갈비요리를 시식했는데 고기를 좋아하지 않는 나도

이과수 폭포

맛에 뽕 가서 몇 번이나 접시를 비워냈다. 그 사이 스콜 현상으로 열대성 폭우가 내리고 있어서 우리는 우비를 입고 오픈 열차를 타고 폭포로 향했다.

양쪽으로 갈대와 밀림지대가 펼쳐져 있는 숲을 20분 정도 달렸나 보다. 폭포까지 철재 다리로 이어진 하천을 건너는데 낮게 흘러내리는 강물 중간에 듬성듬성 놓인 바위 위로 가마우지가 앉아 있고 악어도 얼굴을 내밀고 있는 게 보였다. 우리는 악마의 목구멍까지 대략 1시간가량 걸었던 것 같다.

나는 짐바브웨에 있는 제1 빅토리아 폭포는 보지 못했지만, 빅토리아보다 넓고 나이아가라보다 높다는 이과수 폭포가 세계 제1이라는 데는 기대감이 컸다. 이과수는 수십만 헥타르의 공원 한 가운데로 우기철이 되면 13,000여 톤의 물이 흘러내리는데 낙차가 큰 폭포들이 수백 개나 있다니 자연의 위대함에 놀라지 않을

이과수 폭포

수 없다.

아르헨티나 쪽에서 보는 이과수 폭포는 전체의 1/3이다. 그날은 폭포 위에서 아래를 내려다보는 경치였다. 하나의 구멍으로 곤두박질치는 세찬 물살의 모습이 마치 먹잇감을 낚아채는 하마의 입과 같았다. 이름하여 '악마의 목구멍'이라고 부르는 그 폭포는 무시무시한 힘의 흡착력이 대단했다. 사방에서 모여든 물이 한 곳으로 무섭게 함몰되어 흘러내리는데 닥치는 대로 무엇이든 집어 삼킬 듯한 모습이었다. 대형 믹서기가 돌아가는 상상을 하니 몸이 오싹했다.

다음날은 브라질의 포스두 이과수 폭포를 보았다. 무더운 날씨였지만 땀을 흘리며 걷는 도중 노랑나비 한 떼가 사방에서 춤을 추며 날아오고 크고 작은 이구아나가 도로 옆 풀숲에서 나타나 놀라기도 했다. 저만큼 원시림 속에 가려진 방대한 폭포의 모습을 눈요기하면서 걷는 즐거움은 초등학생 때 소풍 나온 기분 같았다. 초록 융단이 눈앞을 가득 채운 가운데 가느다란 물줄기가 빗줄기처럼 떨어지는 폭포는 숨겨진 폭포라 해서 '에스콘지도'라 했다.

에스콘지도

이과수 폭포는 밀림 사이로 언뜻언뜻 보였다. 가까이 갈수록 점차 거대한 천둥소리가 귓가에 번졌다. 악마의 목구멍으로 흘러내리던 물 폭포가 아니라 아파트 같은 고층 건물을 타고 펌프질하듯 콸콸 쏟아져 내리는 폭포였다. 치마폭 암석 위로 물 커튼을 둘렀다고 할까? 아득한 절벽 아래로 쏟아지는 물 위에 오색 무지개가 떠 있었다. 우리들은 모두 감탄사를 터뜨리며 환호했다. 바닥에 떨어지면 뼈도 추릴 수 없을 만큼 지옥 같은 골짜기에서 있는 줄도 모르고 경이로운 풍경에 압도되어 정신을 잃고 소리를 질렀다.

폭포의 여신은 황홀한 드레스를 입고 천상에서 지상을 향해 미끄러지듯 춤을 춘다. 아마존으로 향한 요정들의 실체가 지구를 휘돌아 가는 끝없는 여정…, 브라질의 이과수강과 파라과이의 파라나강이 합쳐져 웅장하고 장엄한 폭포의 물길이 이어지는 곳을 따라 우리는 마꾸꼬 트레일을 타고 정글 속을 지나 하류까지 달려갔었다. 보트 체험을 하기 위해서였다. 우리들 인솔자는 승객의 기분을 최고도로 높여달라고 선장에게 팁까지 주며 부탁했다.

구명조끼를 걸치고 배 위에 앉아 상류로 거슬러 오른 우리는 곡예를 체험하면서 공포감에 치를 떨었다. 거부할 수 없는 순간의 모험, 수류가 빠른 지점에서 쾌속으로 원을 그리며 돌기도 하고 바닥을 치며 오르느라고 배가 덜컥거리며 지옥을 향해 달렸다. 가장 하이라이트가 되었던 장면은 바로 이과수 폭포 밑으로 들어가 물 폭탄을 맞는 일이다.

우비를 입었지만 강도 높은 낙차 때문에 천둥소리를 들으며 무거운 짐짝이 누르는 듯한 물 무게에 두들겨 맞는 즐거움은 공포 속에 짜릿했다. 속옷이 몽땅 젖고 보트 속으로 쏟아지는 물이 정강이까지 차올라서 배가 침몰될 위기에 있는데도 괴성을 지르며 즐거워하는 모습을 보면서 선장은 2번이나 폭포 밑을 선회했다. 생사를 같이할 동지들은 비명을 지르며 악을 썼지만 거대한 물살을 감상하며 스릴을 즐겼다.

신명나는 세계 제1의 폭포 밑 보트 투어가 끝나고 우리는 다시 트레일을 탔으나 속옷이 젖어 개운치 않았다. 그래도 대포 소리를 터트리는 폭포의 굉음을 들으며 이과수 밑에서 맞았던 박진감 넘치던 물 폭탄이 그날의 피로를 완전히 잊게 한 카타르시스였다. 그렇게 엄청난 두 얼굴을 지닌 이과수 폭포를 아낌없이 볼 수 있었던 남미 여행은 지금도 깊은 감회로 남아 꺼지지 않는 불꽃을 지피고 있다.

브라질과 파라과이의 국경을 넘으며

아르헨티나에서 석양을 바라보며 버스로 국경을 넘어 브라질로 이동했다. 다음날 이과수를 보기 위해 가까운 호텔에 투숙했다. 호텔은 넓은 초원 위에 아담하고 산뜻하게 지어진 2층 건물이 줄을 선 곳이다. 두 사람씩 방을 배정해 주어서 한 건물에 8명씩 들어갔다. 언제나 호텔로 들어가게 되면 먼저 방 배정을 받고 자기들 방으로 이동을 하게 되는데 내 룸메이트는 춘천에서 함께 동행한 윤 선생님이다. 대체로 무난한 성격인 그분과는 여러 차례 해외여행을 함께한 사이지만 이번에는 무슨 전투하듯 빡빡한 일정에 쫓겨 마음 놓고 대화 한번 하지 못하고 침대에 쓰러지는 날들이 많았다.

창을 열면 정면으로 숲이 보이고 호텔 앞엔 한국에서 보던 아름다운 꽃들이 예쁘게 가꾸어져 있다. 별장 같은 분위기를 주는 호텔 식당과 풀장은 모두 수만 평의 정원에 폭넓게 설치되어 있는데 식사를 하기 전 독수리 5형제는 주변을 산책하기로 하고 잔디밭을 거닐었다. 푸른 초원에 조명등이 켜지자 아름다운 정경을 뒤로하고 모두 식당에 모여 푸짐한 저녁을 먹었다. 7~8명이 둘러앉은 원탁에 놓인 접시는 얼마나 큰지 그것도 메뉴가 바뀌면서 산더미처럼 나오는 음식에 모두 두 손을 저으며 '노우'를 연발했다. 아무래도 그곳 사람들은 배가 항아리만 한 모양이다.

늘 식사를 하고 호텔 방으로 들어오면 가방 정리하기에 바쁘다. 줄지 않고 보태지는 짐들과 소지품을 배낭과 큰 가방에 나누어 넣고 공항에 반입될 것과 아닌 것을 구분하여 챙기기도 진저리가 난다. 다행히 카메라를 충전하는 데는 불편이 없었지만 라면과 햇반 밑반찬이 줄어들지 않으니 가방이 터질 듯하다. 이튿날은 파라과이에 있는 세계 최대 수력발전소를 견학하기 위해 국경을 넘었다. 하루 건너만큼씩 국경을 넘어 다니는 우리가 참 대단하다는 생각이다.

세계 최대의 이타이푸 수력발전소

남미는 모두 10여 개국이 모여 있는데 파라과이는 그중 3번째로 작은 나라다. 그래도 우리나라보다 4.3배가 크다고 하니 남미의 나라들이 얼마나 큰 땅덩어리를 가졌는지 알 수 있다. 파라과이는 95%가 백인과 흑인이 혼혈을 이루어 살고 있다. 그 나라가 남미 무역의 중심이 되고 있는 이유는 그 주변 국가인 브라질, 우루과이, 칠레, 아르헨티나들이 전자제품을 생산하지 않기 때문에 그곳에서 구입해 가는 때문이란다.

씨우닷델 에스뎃 시에는 20여만 명의 인구가 살고 있는데 그곳에 있는 도매시장은 아랍, 인도 상인들까지 물건을 사러오는 곳이다. 우리는 우정의 다리를 건너 국경 검문소에서 입국 신고를 하고 자유롭게 그 시장을 둘러보았다. 규모라야 우리나라 대형 백화점보다도 작은 곳이지만 물가가 싸다고 하여 시계, 구두, 가방 등을 판매하는 5층 건물을 오르내리며 쇼핑을 하였다.

브라질과 파라과이 두 나라 사이에는 세계적인 규모의 파라나강이 흐른다. 그 다리 중간이 국경인데 이름이 보온딴 그레도네리라는 다리가 높지만 그리 길게 느껴지진 않았다. 1985년 브라질의 자본으로 그 다리를 세운 데는 나름의 이유가 있다. 댐에서 나오는 전력량을 브라질이 수급해 가기 위해서이다. 우리는 백화점에서 30분간 자유 시간을 갖고 세계 최대의 수력발전소 이타이푸를 답사하였다. 인디언말로 '이타이푸'는 노래하는 돌섬이라는 뜻인데 콜로라도강의 4배, 양자강의 2배인 그 수력발전소는 파라과이와 브라질이 합작으로 완공한 것이다. 전력생산 기준이 시간당 1,400kw로 파라과이의 모든 전력이 그곳에 의존하고 있는 댐이다.

댐 저장 용량은 2,900억 톤이나 된다고 하니 금강산댐이 150억 톤인데 비해 소양호가 29억 톤을 저장한다는 걸 보면 소양댐의 100배나 큰 규모다. 우리나라 7개의 원자력발전소를 모두 합한 전력량과 이타이푸댐 생산량이 비슷하다고 한다. 마침 우리가 그곳을 방문했을 때는 수문을 열어 놓아 배수물이 하늘을 찌를 듯 구름같이 솟아오르고 있었다. 지름이 10m가 넘는 수관이 10

개쯤 늘어서 있는 터민(수관)은 400톤이 넘게 나가므로 이동이 어려워서 특수차량을 제조하여 2달에 걸쳐 독일에서 싣고 온다고 했다.

이타이푸는 200억불을 들여 만들었는데 자연의 훼손을 방지하기 위해 중간에 인공 어로와 인공 저수지를 만들어 물고기(피라니아:식인고기=악어)들이 서식할 수 있게 했고 14개의 수문을 일 년에 10~ 20번 열어 방류토록 하고 있다. 우리는 그 전망대의 큰 수관과 파라과이 터널을 통과하여 제방으로 올라가 인공호수를 건너 브라질의 이과수 강쪽으로 나왔다. 수문에서 흘러 내리는 물을 보니 마치 뭉글뭉글한 양털들이 뭉쳐 있는 것 같아 보였고 구름이 피어나는 모습과 흡사하기도 했다. 앞으로 20년 후엔 세계적으로 물 전쟁을 예고하는 상태인데 그 댐은 파라과이의 전력량을 모두 충족시키고 브라질 쪽으로 70%를 보낸다니 브라질로선 파라과이에 투자한 가치를 충분히 챙기고 있는 셈이다.

코르코바도에서 본 별빛

리오데 자네이루는 세계 3대 미항 중 하나이다. 코발트 빛 물결을 두른 해변은 마치 그림 같았다. 바다 앞으로 난 애틀랜티카 대로에는 고급 호텔과 펜션, 레스토랑, 카페테라스들이 즐비하게 늘어서 있고 백사장엔 수영복 차림의 피서 인파들이 외모를 과시하듯 북적대고 있었다.

오후의 달궈진 태양열에도 아랑곳없이 분위기의 왕 한 시인은 그곳에 닿자마자 바닷가를 거닐자고 졸랐다. 그러나 가이드는 여행객들에게 치안이 두려우니 외출을 삼가하라는 명을 내렸다. 호텔에서 내려다보이는 코파카바나 해변은 저 멀리 방파제가 보이는 숲까지 장관이었다. 부챗살처럼 휘어져 있는 백사장 모래 벌은 속살을 하얗게 드러내 놓고 푸른 바다가 수평을 이룬 끝에 아득한 바위가 우뚝 고개를 내밀고 있었다.

해변을 바라보며 제대로 분위기를 잡아보려고 룸메이트와 나는

리오항

와인 약속을 했으나 저녁 식사 후 81층 스카이라운지로 모이라는 통지를 받고 일행들과 통성명을 하느라고 룸메이트와의 약속은 깨지고 말았다. 그날 밤 참석한 일행은 70대 부부 5팀, 예지회 5명뿐이었는데 대부분 고희 기념으로 온 부부들이 많아서 식사 때마다 서로 술잔을 기울이며 화기애애한 분위기를 연출했다. 그들은 은행이나 공직에서 퇴임한 관리라서 요직을 두루 거친 사람들이 많다는 것을 귀동냥해서 들었다.

호텔에서 바라본 코파카바나의 밤 야경은 황홀했다. 그곳에서 해안을 끼고 따라가다 보면 이파네마 해변을 비롯해서 줄줄이 늘어선 유명한 해수욕장들과 만나게 된다. 우리는 아침 식사를 하고 바닷가 해변을 잠시 거닐었다. 태양 볕이 이글거리는 모래밭에서는 어느새 비키니 차림의 여인들이 일광욕을 즐기고 있고 도로 옆에서는 챙 넓은 모자를 쓴 여인들이 육체미를 드러낸 채

예수상

모래 조각상 앞에서 얼마씩 돈을 내고 사진을 찍고 있었다.

우리 일행은 코르코바도 언덕으로 가기 위해 곧장 스위스제 케이블 식 등산열차가 운행되고 있는 코즈메베료 역으로 갔다. 710m 고지 위의 산으로 오르는 기차는 1926년부터 5년 동안 공사 끝에 완성되었는데 그 산 정상에 세워진 예수 동상은 거대하고 웅장했다. 높이가 30m, 받침대가 8m 손바닥 길이만도 3m여서 리오데 자네이루 어디에서 보아도 그 동상을 만나게 된다. 안에다 철근과 콘크리트를 넣은 후 곱돌을 잘라 동상 표면에 붙였으므로 돌로 만든 형상 같아 보인다.

브라질은 다민족 국가이다 보니 잡교가 많아 가톨릭 국가임을 상징하기 위해 독립 100주년을 기념하여 거대한 예수 동싱을 세우게 되었다고 한다. 받침대 안에는 성당으로 들어가는 문이 있어서 우리도 한 바퀴 둘러보았는데 대수롭지 않은 기도처였다. 브라질은 30~40년 전만 해도 호황을 누릴 때여서 그 산에다 기차 노선을 설치했고 1979년에는 융프라우에서 수입한 열차로 관광객을 태워 왔단다.

코르코바도 언덕에서 항만을 내려다보면 팡데아수카르라는 바위산이 마치 거북이가 앉아 다도 해변을 바라보고 있는 것같이

예수상

보인다. 그 산 이름을 일명 빵산이라고 부르는데 우리는 산티아고로 가는 새벽 2시 비행기가 예약되어 있어서 마음 놓고 밤바다의 풍경을 감상할 수 있었다.

빵산은 396m 높이로 중간 지점에서 잠시 정거를 했다가 다시 정상으로 올라가는데 케이블카를 타야 한다. 마침 뜨거운 낮 열기가 사라지고 노을이 지는 바다를 바라보니 경치가 가히 환상적이었다. 빵산에 세워진 여인의 조각상을 붙잡고 사진을 찍으면 아들을 낳을 수 있다는 설화에 그 나라 사람들도 목매는 사람이 있는 듯하다.

기어이 해는 넘어가고 항구에 불을 밝히니 해안의 점등은 바다의 별빛처럼 반작거렸다. 인간이 축조해 놓은 도시라고 하지만 세계적인 미항의 신비는 놀랄 만한 예술품이다. 우리는 은하수를 쏟아 놓은 듯한 항구의 불빛을 바라보며 그 아름다운 밤을 그냥

넘기지 못하고 화음을 맞춰 나갔다. 고향의 봄, 반달, 과수원길, 등대, 아리랑 등등… 밤바람을 쐬러 나온 리오데 자네이루의 시민들이 군데군데 모여 앉은 틈에서 한국의 노래를 들려줄 기회가 왔다고 목청을 높여 연타를 날렸다. 코르코바도 항만의 별빛은 날개를 달고 우주를 향해 날아가고 있었다. 그날 밤 낭만에 취해 있던 우리들은 지구 반대쪽에 서서 누군가에게 달콤한 연가를 들려주고 싶은 애절한 심정이었다.

2년 전 브라질에서 열린 올림픽 기간 동안 리오의 트레이드마크였던 예수 동상은 TV 화면을 켤 때마다 나타나서 10여 년 전의 그 코르코바도 언덕을 다시 떠올리게 했다. 눈부신 해안의 별빛과 하늘의 별을 동시에 담고 있던 항구가 동화 속을 떠올리게 했던 추억들. 그동안 나폴리, 시드니, 샌프란시스코, 밴쿠버 등 세계적인 미항을 두루 다녀보았지만 단연 리오데 자네이루가 압권이었던 것은 찬란한 항만의 불빛이 하늘의 성단처럼 화려하게 밤바다에 펼쳐져 있었기 때문이다. 그리운 리오데 자네이루여! 다시 보고싶은 그 바나나! 안녕히!

남미의 진수 라파인 디너쇼

회색빛으로 기울어진 상파울루

새벽 4시 모닝콜이 울렸다. 국내선 상파울루 행 비행기를 타야했으므로 모두 속전속결로 준비를 끝내고 호텔을 빠져나왔다. 전날 12시가 넘어 잠자리에 들었으므로 모두 피곤한 얼굴이었지만 비행기에서 잠을 보충하기로 마음먹고 트랙에 올랐다. 잠깐 눈을 붙이고 나니 아침 8시 30분이다. 공항 옆에 있는 패스트푸드 점에 들러 간단한 음료와 빵으로 아침 식사를 대신하고 브라질 독립기념관으로 가기 위해 버스에 몸을 실었다.

시내로 들어가는 고속도로를 이용하다보니 초록 숲과 나무로 이어진 도로 사이로 신시가지가 내다보였다. 빌딩이 아닌 주택들이 들어선 신흥도시가 흐릿한 날씨 속에 아담하게 모습을 드러낸다. 도로 아래에서는 개천보다 큰 수로에서 시뻘건 진흙물이 흘러내리고 있었다. 상파울루는 브라질에서도 가장 화려하고 큰 도

상파울루 거리

시인 줄 알고 있었는데 도심으로 들어갈수록 거리 곳곳의 건물들이 오래되고 낡은 것들이 많았다. 그뿐 아니라 사람이 살고 있지 않은 건물들이 허다해서 마치 음산한 폐허 도시 같아 보였다.

그곳은 건축법상 리모델링이나 재개발이 허용되지 않는단다. 낡은 건눌을 보수하기보다는 새로 땅을 사서 집을 짓는 것이 훨씬 저렴하므로 모두 빈집을 놔두고 다른 곳으로 이사를 간단다. 갑자기 내륙도시 상파울루에 대한 기대가 와르르 무너지는 느낌이었다. 세계적으로 명성을 날렸던 화려한 그 도시가 어떻게 180도 변했는지 좀처럼 이해되지 않았다. 그럼에도 교통 적체 현상은 심화되고 도시마다 색깔이 달라서 상파울루를 한마디로 표현하기는 어려웠다.

무엇보다 신구 건물 벽에 왜 그렇게 낙서가 많은지 선진국에서는 예술적인 용도로 쓰이는 그래픽화가 그곳에서는 상업적인 광

독립기념관

고로 쓰이고 있어 말끔한 건물이 별로 눈에 띄지를 않았다. 고층까지 일부러 올라가 페인트로 무언가를 그려놓아야 속이 시원한 사람들인가 보다. 시민들이 정부에 대한 불만을 낙서로 표현하는 것은 아닌가 싶었다. 그것을 허용하고 있는 것도 이해할 수 없지만 브라질의 경제 중심도시 상파울루가 흐린 날씨처럼 기대 밖의 회색빛이라는 것이 충격적이었다.

우리는 이피링가 공원 안에 있는 독립기념관을 돌아보고 다시 버스에 올라 동양인의 거리로 들어섰다. 집안에 창살을 만들어 놓아도 치안이 위험하다는 그곳의 통치자는 도대체 무얼 모토로 하고 있는 것일까. 남쪽으로 내려가다 보니 빨간 가로등이 열을 맞춰 있는 주택가가 보였다. 예전에는 일본인들이 살던 곳인데 치안이 어려워지자 15년 전부터 중국인들과 한국인들이 섞여 있지만 대부분 중국인들이 많이 살고 있단다. 그 거리를 '동양인의

독립기념관 옆의 나무숲

거리'라고 불렀다.

도시의 간판은 돌출되어 있지 않고 조그만 글씨로 씌어 있다. 전혀 보수를 하지 않아 퇴색된 건물들이 많다. 상파울루의 센트럴 중심지엔 보랏빛 자카란타 꽃나무가 많이 피어 있었다. 의류직물산업의 80%를 차지하고 있는 한국인 촌은 슬럼가 같은 곳에 1000여 개의 상가가 밀집되어 있어 동대문 시장을 방불케 했다. 1963년부터 첫 이민자들이 정착하여 운영하고 있는 작은 식당도 40여 개나 된다는데 그곳에서 점심을 먹고 잠시 이브나쁘에 공원에서 상파울루 탄생기념탑을 돌아보았다. 재미있는 것은 공동묘지 근처 집값이 가장 비싼데 성스러운 땅이라고 생각하는 때문이란다.

상파울루 거리 벽화

남미의 진수 라파인 디너쇼

샤워를 하고 저녁을 먹기 위해 디너쇼 장으로 갔다. 쿠바의 살사, 아르헨티나의 탱고, 브라질의 삼바 등 3개국의 쇼를 관람하면서 뷔페식을 먹는 자리이다. 남미의 민속춤들은 모두 의상이 화려하고 원색적이고 육감적이다. 사회자의 익살스러운 매너 또한 차고 넘쳤다. 다행히 무대가 연회석보다 높이 올라가 있어서 어느 자리에 앉아서도 쇼 관람이 가능했다.

춤은 독무가 아니라 합동 무였는데 의상부터 다양하고 구성 인원이 독특해 지루하지가 않았다. 음악은 빠르고 경쾌할 뿐 아니라 흥겨워 한곳에 모인 동서양 관람객들이 모두 유쾌한 시간을 보낼 수 있었다. 살사, 탱고는 이미 전날 보았으므로 새롭지는 않았으나 삼바는 비교적 화려하고 정열적인 춤이었다. 우리는 정중앙에 위치한 자리에 앉아서 맥주와 와인을 마시며 관람을 했는

리파인 디너쇼

데 그곳에 그리 많은 외국인들이 집합되어 있는 줄은 몰랐다.

브라질은 남미 여러나라 중 유일하게 포르투갈의 지배를 받았던 나라이다. 16세기경 포르투갈에서는 앙골라와 콩고의 노예들을 강제로 데려와 노동을 시켰는데 그들이 고향을 그리며 향수를 달래던 춤이 삼바로 발전한 것이다. 4박자 또는 2박자의 경쾌하고도 서정적인 음악과 함께 원주민이 추던 춤 룬두에 맞춰 배꼽을 서로 맞대고 몸 구르기와 흔들기를 하면서 추는 삼바는 탱고와는 또 다른 분위기이다.

우리는 공연이 끝나고 국적이 다른 500명이 한자리에서 공연을 즐겼다는 걸 사회자로부터 듣고 알았다. 세계 각 나라 이름을 호명하면 그 나라 사람들이 모두 일어나 자신들의 입지를 드러내 보이며 환호한다. 우리도 질세라 '코리아' 하고 부르자 모두 일어

나서 손을 흔들었다. 우리나라도 어느 나라 못지않게 국제적인 지위를 얻게 되었다는 뿌듯함에 흥분되어 가져간 소주도 나눠마셨다. 술과 물은 여행 도중 각자가 돈을 내고 사 먹어야 한다. 남미 쪽에서는 탱고나 디너쇼 관람이 식사를 한 다음에 입장하게 되어 있으므로 공연이 끝나니 자정이 가까워 오고 있었다.

8

칠레

페루

라면의 진가를 발휘한 아침식사

남미 여행은 강행군이다. 기내에서 잠을 잔다든가 새벽 비행기로 이동을 하고 새벽 별을 보며 답사를 하는 일이 비일비재하다. 그럼에도 이색적인 문화와 풍경을 만날 수 있다는 행복감으로 위안 받으며 늘 피곤을 풀곤 했다. 리오에서 새벽 2시 비행기를 타고 산티아고에 도착한 시간은 아침 6시였다. 어둠 속에서 잠깐 눈을 붙였나 했는데 어느새 몸은 칠레에 와 있었다. 입국 절차를 밟던 중 일행들 다수가 짐을 풀어놓은 채 나오지를 못했다. 알고 보니 브라질 가이드에게서 산 프로폴리스를 세관원에게 모두 압수당한 것이었다.

칠레는 낙농국이어서 세균 감염으로 오는 문제를 차단시키기 위해 액체 반입을 허용하지 않는다. 그렇다고 몇 시간 전에 산 물건을 송두리째 빼앗길 수는 없는 노릇이었다. 모두들 수군대며 불만을 쏟아놓고 있는데 서울에서 동행한 가이드가 유창한 언어로 세관원을 설득하고 항의한 결과 다행히 공항에 보관했다가 출국할 때 돌려주겠다는 약속을 받아냈다. 모두들 돌을 씹은 표정으로 공항을 빠져나오니 영문도 모르는 칠레 가이드가 목을 빼물고 기다리고 있었다.

칠레 상점

아침이어서인지 산티아고는 안개가 끼어 있는 것처럼 보였다. 일년 내내 구름이 없는 맑은 하늘을 가진 나라라고는 해도 우리나라 가을하늘처럼 청명하지는 않다. 더구나 비가 오지 않는 산티아고는 2차선 도로 옆의 산이나 나무가 생기를 잃고 있어서 황폐해 보였다. 한적하고 지루한 길로 들어선 버스는 계속해서 척박한 땅을 헤쳐 나갔다. 우리는 기내에서 식사를 하지 못했으므로 시장기가 느껴져 아침을 먹게 해 달라고 주문을 했다.

버스는 어느 조그만 시골 마을에 머물렀다. 밖으로 나서니 제법 쌀쌀한 기운이 느껴져 트렁크에서 긴팔 옷을 꺼내 입었다. 노천가에 식탁과 의자가 놓여 있는 가게였다. 먹을 것이라곤 삶은 계란과 샌드위치밖에 없는 잡화점이지만 한 끼 식사를 때워야 한다는 의무감에 이것저것 주문들을 했다. 독수리 5형제는 어설픈 시설에 앉아 빵을 먹느니 차라리 짐 속에 들어 있는 라면을 꺼내 먹는 게 좋겠다고 생각하여 모두 컵라면을 준비했다. 드디어 우리가 무겁게 들고 다니던 짐을 덜 목표점이 왔다고 쾌재를 불렀다. 일행들은 슬금슬금 건너다보며 부러워하는 눈치였다. 그러나 어쩌랴. 한두 명도 아니고 그 많은 사람에게 선심을 쓸 수는 없는 것이니…. 컵라면 하나를 게 눈 감추듯 하고 나니 그렇게 꿀맛 같을 수가 없었다.

남극과 북극을 꿈꾸며

칠레는 세계에서 가장 땅덩어리가 긴 나라이다. 총 길이가 4,300km, 남극까지 포함하면 6,400km다. 동쪽으로는 안데스산맥이 있고 서쪽으로는 남태평양바다, 남쪽으로는 빙하와 이스터섬, 북쪽에는 아타카마 사막이 있어 다양하고 웅대한 자연의 신비를 껴안고 있다. 산티아고에서 북쪽으로 24시간 버스를 타고 가면 지구상의 달 표면과 똑같은 달의 계곡이 나오고 소금 바다도 펼쳐져 있다. 모래가 아닌 소금으로 깔려 있는 바다에서 1년에 전 세계 40%의 소금을 수출하고 있다는데 사막 땅에 뚫려 있는 그 구멍에서 섭씨 85도의 뜨거운 물이 분수처럼 쏟아져 나와서 온천욕도 즐길 수 있다.

또 남쪽으로 더 내려가면 파타고니아가 나오는데 자연이 너무 아름다워 천국과 같은 곳이다. 폭포, 산, 호수 빙하를 볼 수 있는 이곳을 미국 사람들은 죽기 전에 꼭 가 봐야 할 곳이라고 꼽는다. 남극을 유람할 때면 빙하로 만든 맥주나 주스를 즉석에서 만들어 먹을 수 있고 해구도 살 수 있다니 재미있을 듯하다. 요즘은 지구 온난화로 바다 온도가 조금씩 높아지면서 몇 년에 한

번씩 제주도만 한 섬이 떨어져 나가고 있다. 그러니 200년 후엔 남극이 사라질지도 모른다는 가설이 합당하게 들린다.

상상만 해도 칠레는 별천지로 느껴진다. 불가사의하다는 이스터섬도 칠레 영역에 드는 곳이다. 이스터섬에는 2m나 되는 '모아이 석상'이 해변에 200여 개나 세워져 있는 줄 안다. 어떻게 해서 그곳에 그 많은 돌들이 세워졌는지는 아무도 모르는데 그 큰 돌들은 모두 사람의 모습을 한 화산재로 되어 있다. 외부의 침입을 막으려고 거인이 서 있는 것처럼 위장하기 위하여 4,000km나 떨어진 지역에서 돌을 옮겨다 세웠다니 그 힘이 어디서 나왔을까 의아하다. 1700년 독일 해적 제이컴이 이 섬을 처음 발견했을 때는 일만여 명의 사람들이 살다가 모두 병들어 죽고 일천 명밖에 남아 있지 않았다. 불가사의하다는 그 섬에는 지금 2,500명 정도가 살고 있단다.

말만 들어도 가슴이 울렁거리는 곳! 극과 극의 세계를 모두 체험해 볼 칠레의 매력을 가이드로부터 설명 들으니 내 가슴은 벌써 풍선처럼 날아오른다. 그 유혹을 떨치지 못하고 언제가 될지 무를 그날의 여행을 오매불망 그리워하면서 살 것만 같다. 이승에서 못 보면 저승에 가서라도 볼까나. 상상으로 그리기만 해도 호기심 가득한 세계를 눈독 들였다가 내 생애 남은 힘을 다해 찾아보리라는 꿈을 꾸어본다.

남성을 올라탄 목각 인형

칠레는 여성 파워가 막강한 나라다.

항구도시 발파라이소에 갔을 때 선물가게에서 재미있는 목각 인형이 진열되어 있는 것을 보았다. 여자 인형을 손으로 번쩍 들어 올리니 남성의 성기가 불쑥 튀어나오는 것이 아닌가. 깜짝 놀라 얼른 손을 놓았지만 민망함에 얼굴이 붉어졌다. 칠레는 여성 아래 남자가 있다는 상징이란다. 대통령부터 장관의 과반수가 여성이고 인구수도 55:45로 여자가 많다고 한다. 법규상 여자가 남자를 구타할 수는 있어도 남자가 여자를 구타할 수는 없다나? 여성의 입장에서 보면 쌍수를 들어 반길 일이겠지만 우리나라 남성들이 이 이야기를 들으면 표정이 어떻게 변할까 상상되었다.

그걸 대표하는 일화가 있다. 칠레의 여성 외무부 장관이 미국의 초청을 받고 공항으로 들어가다가 세관원이 너무 까다롭게 구는 바람에 자존심이 상하여 즉시 본국으로 돌아와 보복 조치를 취했다. 미국인들 통로를 따로 만들고 자신이 당한 것과 똑같이 엄격하게 검사하라고 지시를 내린 것이다. 미국인들은 지금까지 그 절차를 밟아야 입국이 허용된다니 빚을 두고두고 갚는 셈이다. 그 강경책에 칠레 국민들은 은근히 박수를 치며 좋아했다고 한다.

칠레는 원래 공산주의 국가였다. 당시 구리산업에 목을 매던 칠레가 핵심정권 인사들에 의해 생산권을 미국에 넘겨주자 미국은 칠레산 구리를 사들여 일부는 비축하고 일부만 세계 시장에 내다 팔아 폭리를 취했다. 그것을 안 좌파 출신 아옌데가 구리광산을 모두 국유화하고 이익금을 국민에게 환원시키겠다는 공약을 내세워 압도적인 표 차로 대통령에 당선되었다.

제2차 세계 대전 이후 독립된 여러 나라들은 불가피하게 강대국에 종속될 수밖에 없었다. 역사상 최초로 국민에 의해 사회주의 국가가 된 칠레에 충격 받은 미국은 비축해 두었던 칠레산 구리를 모두 풀어 구리 값을 땅바닥으로 떨어뜨리고 칠레 경제가 휘청거리자 피노체트로 하여금 쿠데타를 일으키게 하였다.

피노체트는 대통령궁에 전투기를 띄워 폭파시키고 국민들과 학생들을 무차별 발포하여 수백 명이 목숨을 잃게 만들었다. 정치에 가담했던 수십만 명을 체포하여 고문 학살하면서 군부 독재정치를 17년간이나 지속시켰다. 미국의 원조를 받아 칠레의 경제가 발전하면서 피노체트는 지금의 칠레를 만든 초석 인물로 평가되고 있지만 미국의 농간에 놀아났다는 자존심 때문에 국민들은 이를 갈다가 인권옹호 단체의 재판에 회부시켰다. 피노체트가 사망

했을 때 일부는 애도를 했지만 일부는 환호를 하고 박수를 치며 좋아했다고 한다.

미국인들은 입국 절차의 불편함이 단지 여성 장관의 보복 때문인 것으로 알지만 지난 과거 칠레의 경제를 좌지우지했던 횡포를 보복당하고 있는 것을 알기나 할는지? 약자라고 답삭 넘보았던 오만한 행위의 심판이라면 칠레를 찾는 미국인들의 고초는 약과일지 모른다.

칠레는 꽃의 천국이다. 천오백여 종의 꽃을 가꾸면서 남쪽으로 가면 수백 종의 장미를 재배하여 화장품을 만들어 수출하고 있다. 바다의 영토 또한 어마어마하여 수산업 세계 제1위, 구리산업 역시 세계 제1위다. 우리나라와 무역협정을 맺고 칠레는 홍어, 포도, 키위, 오렌지, 레몬 등을 수출하고 있다. 우리나라는 칠레에다 자동차와 전자제품들을 수출하고 있고 동전도 안쪽은 한국, 바깥쪽은 칠레에서 제조하여 기브 앤드 테이크 식 외교를 하고 있다. 또 칠레는 150년 전 프랑스 사람들이 심어 놓았던 포도를 수확하면서 와인을 만들어 파는데 값도 싸고 맛도 좋다는 소문이다.

지도상으로 보면 바나나처럼 길게 뻗어 있는 칠레가 우리하고는 먼 거리에 있건만 물류를 교환하면서 형제처럼 지내니 세계는 하나라는 말이 맞는 듯하다. 특히 칠레 사람들은 김영삼 대통령이 남미를 순방할 때 수행원들과 쉐라톤 호텔을 통째로 빌려 썼으므로 한국을 돈 많은 나라, 잘사는 나라로 인식하고 있단다. 두 나라 간의 교역이 활발해지면서 교포 수가 점점 늘어나고 코리아에 대한 인상도 좋게 비쳐지고 있다니 천만다행이다.

여성 상위시대라고는 하지만 드러내 놓고 해괴망측한 마스코트를 팔다니 재미로 구입을 할까 하다가 얼굴 붉어질 일을 자초하는 것 같아 자제하기로 했다. 우리나라에서도 남근 잔에 술을 따라 마시는 것을 보면서 모두 인상을 찌푸렸던 적이 있는데 그 마스코트가 하도 요상하였던 거라 요즘도 칠레 하면 싱긋이 떠오르는 장면이다.

노벨문학상 수상자 네루다를 만나다

아침을 먹고 3시간을 달려 안개 자욱한 어느 조그만 바닷가 마을에 도착했다. 커다란 너럭바위가 펼쳐져 있는 언덕으로 올라가니 빗방울이 한두 방울 떨어지다 금세 멈춘다. 칠레를 대표할 수 있는 시인 네루다가 즐겨 찾았다는 곳에 비석이 세워져 있다. 전망대에 올라서니 안개가 끼어 수평선이 잘 보이지 않는다. 시인이 사색했던 고뇌의 바다는 파도에 부서지는 흰 포말만 허공으로 뱉어 낼 뿐이다. 나는 한가롭게 바다를 바라보았다.

파블로 네루다는 칠레 파랄에서 태어나 생후 한 달 만에 어머니를 잃고 계모 손에 자라면서 어릴 때부터 시적 영감을 쏟아냈던 천재적인 작가다. 그는 1973년 피노체트가 쿠데타를 일으킨지 12일 만에 세상을 떴으니 피로 물든 조국의 아픔을 가슴에 묻고 세상을 떠났던 것이다. 1971년 노벨문학상을 받은 그는 에로티시즘의 화신처럼 여성 편력을 가진 경험으로 사랑의 시를 쓰

네루다의 기념비가 있는 바닷가

기도 하고 버마 랑군의 주재 명예영사로 생활하면서 가난과 고독에 시달리며 인간 존재를 확인하는 시를 쓰기도 했다. 말년에는 공산당에 입당하고 국민의 대변자로 글을 쓰면서 좌익 작가로 검거령이 내려지자 망명길에 오르기도 했는데 떠돌이 편력과 끝없는 여행에서 얻은 경험을 시로 읊어 거의 1년에 1권씩 시집을 묶어 출판하는 정열을 보였다.

> 마틸데: 식물의 이름, 바위, 또는 와인의 / 땅에서 시작하는 것들, 그리고 오래가는 것들의 이름: 그 성숙 속에서 새벽이 처음 열리는 말 / 그 여름 속에 레몬의 빛이 터지는 말…

『사랑 소네트1』에서 읊은 그 시어에서 말을 의미하는 것은 사랑이었을까? 나는 갈매기가 날아와 앉은 바위에서 파도와 부딪혀 쏟아지는 거친 소리를 들었다. 드러나지 않는 안개에 마음을 실

해군기지

고 한동안 그 자리에 푯대처럼 서서 물거품으로 사라진 한 영혼을 생각했다. 발길을 돌리니 언덕에 네루다를 소개한 동판이 새겨져 있다. 해안을 끼고 조금 더 올라가면 물개섬이 있다는데 그날은 날씨가 추워 놀러 나오기가 싫었던지 한 마리도 만날 수 없었다. 칠레에는 해군기지가 10곳도 더 넘는데 국토의 대부분이 바다와 인접해 있는 환경 탓이란다. 도중에 논과 밭에 물을 대고 있는 스프링클러를 보았다. 바다가 가까워질수록 나무들이 싱싱해 보이는 것을 보니 염분이 증발한 수분 덕택인가 생각되었다.

점차 해안가에 어선들이 몰려 있는 경관도 보이고 자생하고 있는 덩치 큰 용설란도 보인다. 세계적인 관광지라고 하는 그곳은 아름다운 바닷가를 따라 늘어서 있는 높은 집들이 마치 계단식 콘도처럼 창을 내고 있다. 태양열을 받기 위해 층계형 리조트 단지가 들어서 있는 산책로에서 운동을 하는 사람도 종종 보인다. 야자나무와 형형색색의 꽃이 가꿔진 공원들이 안개 속에서 아련하게 보였다. 매년 6월이면 가요 축제가 열린다는 비냐는 1918년에는 월드컵 개최지이기도 했다. 그곳은 무엇보다도 꽃시계가 유명한 곳이다.

칠레 시가지

해안 항구도시 발파라이소

발파라이소는 칠레에 있는 8개 항구 중 제2 항구로 페루에서 전문적으로 무역활동을 펼치는 중요한 도시다. 1879년 남태평양 전쟁 때 볼리비아와 페루는 초석과 구아노를 둘러싼 영미 자본의 이해관계로 칠레를 상대해 전쟁을 일으켰다. 그러나 볼리비아가 패함으로 태평양 면에 있는 안토파가스타 주를 칠레에 이양하면서 볼리비아는 바다를 잃고 내륙국이 되었다. 그곳 항구 주변에는 거대 군함을 비롯해서 작은 어선들이 정박해 있었는데 해군기지 앞에는 남태평양 전쟁 때 칠레를 승리로 이끈 아트로 플라시라는 장군의 동상이 늠름하게 서 있었다.

우리는 햇볕이 뜨거워 항구가 내려다보이는 언덕으로 올라가 잠시 쉬면서 바다를 바라보았다. 여러 가지 선물을 파는 간이 상

안개 낀 발파라이소

점들이 쭉 늘어서 있고 기타를 연주하며 적선을 바라는 노인도 있었다. 안개가 끼어 제대로 보이지 않는 바다를 나무 그늘에 서서 감상하다 보니 칠레는 모두 높은 언덕까지 다닥다닥 집이 들어서 있었다. 그리스에서 본 아크로폴리스 언덕 같기도 하고 우리나라 달동네를 연상하게도 한다. 지진 때문에 지대가 높은 곳을 선호한다는 칠레 사람들의 집들은 색깔과 모양이 모두 다른 게 특징이다.

허름한 구시가지를 내려다보니 빈부의 격차를 느낄 수 있다. 우리는 시내로 들어와 레스토랑에서 고기와 야채, 감자 그리고 소스. 뷔페 음식이 푸짐하게 차려져 있는 점심을 먹고 부지런히 시내 구경을 하였다. 액세서리 가게에는 자잘한 장식이 주렁주렁 매달린 목걸이와 귀걸이가 대체로 많고 상점에 걸린 물건들은 대체로 품위가 있었다. 물건값이 싸다고 느꼈지만 눈요기로 끝내고 일행과 같이 산티아고에 있는 산크리스토발 언덕의 성모 마리아상을 보러 갔다.

칠레의 성모 마리아상은 프랑스에서 독립 100주년을 기념하기

칠레 대통령궁

성모 마리아상

위해 선물로 보내준 것인데 2미터 높이의 동상을 3등분하여 배로 싣고 왔단다. 그 동상은 시내 어디에서도 볼 수 있도록 높이 세워져 있어서 마치 리오의 예수상을 흉내 낸 것처럼 보였다.

성모상에서 내려다보면 한쪽으로는 유일한 마포초 강이 흐르고 도시의 아름다운 규모가 한눈에 들어온다. 안데스산맥에서 흘러내리는 뿌연 흙물은 칠레의 유일한 젖줄이라고 한다. 산티아고는 산으로 둘러싸인 분지여서 스모그 현상이 잦고 비가 오지 않아 나무들이 잘 자라지 못하는데 마리아상이 세워진 산은 인공으로 만든 데다 인공으로 물을 주고 있었다. 나무가 싱싱하게 자라고 꽃도 필 수 있게 사람의 힘이 보태지니 대단하게 느껴졌다.

페루 시가지의 주말 모습

칠레를 출발하여 리마에 도착한 시간은 새벽 0시 10분. 페루는 한때 쿠스코를 중심으로 수준 높은 문명의 탑을 쌓았던 역사의 숨결을 가지고 있다. 11세기 말부터 대제국을 건설하여 찬란한 잉카문명의 꽃을 피웠던 그 나라는 스페인의 식민통치를 받으면서 많은 문화재의 손실을 입었다. 우리나라 남북을 합친 6배나 되는 땅을 가진 페루는 남미에서도 3번째로 큰 나라이다. 아마존의 밀림지대와 안데스 산맥, 태평양 연안의 사막지대를 두루 접하고 있는 페루의 옛 수도는 지금 리마로 바뀌어 있다.

호텔에 도착하자마자 H 시인과 I 시인은 고산증 약을 가지고 와서 미리 증세를 예방해야 한다고 자상하게 챙겨준다. 나는 고생을 할까봐 열심히 챙겨 먹었는데 가이드 말에 의하면 고산증은 사람마다 증세가 다르고 약도 별 효험이 없단다. 이상 징후가 나타나면 빨리 알려달라는 말과 함께 먼저 구시가지 관광길에 올랐다.

페루 상점

리마는 도시 집중화 현상으로 전체 인구 중 1/5이 밀집되어 있는 도시여서 많은 문제를 안고 있었다. 지진대가 형성되어 있어 고층 건물은 별로 눈에 띄지를 않고 구시가지는 마치 우리나라 달동네 같았다. 산자락 끝까지 허름한 판자들이 다닥다닥 붙어 있어서 바람만 가린 널빤지들을 얼기설기 엮어 놓은 듯 보인다. 수도 한옆을 차지하고 있는 그 빈민가가 리마 시민들 생활의 격차를 보여주었다.

그곳을 돌아 페루의 자유 여신상이 있는 거리, 스페인 점령 당시에 세워진 대통령궁, 만국기가 걸려 있는 쉐라톤 호텔, 볼리비아전쟁에서 승리를 이끈 산마르틴 장군 동상이 있는 공원을 둘러보았다. 아이들과 노인들이 비둘기에게 밥을 주고 있는 평화로운 모습도 보였는데 리마는 밤만 되면 무법천지가 되는 곳이다.

공원 맞은편에는 프란시스코 피사로가 묻혀 있는 샌프란시스코

리마시청

대 성당도 있다. 쿠스코는 1532년 피사로에 의해 발견되었는데 그는 1544년 암살당했고 시신은 대성당에 안치되어 있다. 1,800구의 유해를 안치하고 있는 공동묘지 싼타콤베와 산마르틴 대학을 함께 운영하고 있는 그 성당은 대통령궁만큼이나 화려한 외형을 하고 있었다. 앞쪽으로는 유네스코에 등재된 어찌 보면 연립주택 같아 보이는 노란색의 시청 건물과 코리아타운의 명동 같은 라운영 거리도 보인다. 그러나 오후가 되면 상거래를 하느라고 육박전이 펼쳐지고 인해전술로 불을 뿜게 되는 곳이라서 소지품에 특별히 주의를 하라는 지시를 받았다.

남북을 관통하는 8차선 고속도로로 들어서면 산등성이에는 '물은 생명이다'라고 쓴 물 저장고들이 보인다. 강수량이 연간 20mm밖에 안 된다니 산에 전혀 나무가 살지 못하는 지대라 도시 곳곳에 지하수 저장탱크가 설치되어 있다. 빈민층이 사는 곳은 사막지대이고 녹지가 형성된 곳은 상류층이 사는 곳인데 우리나라 갑부들이 몰려 사는 곳과 별반 다를 것이 없었다. 저택들로 둘러 있는 상류층 동네는 '나몰리나'이고 큰 정원을 꾸며놓고 현대식으로 멋있게 지어진 곳은 '싸니스트로'로 특수 계층들이 사는 지역이다.

그곳 도심 한복판에는 골프장도 있다. 계층의 차별화에 저항할 수 없는 페루인들의 위압감이 나그네인 우리들에게도 느껴진다. 세상은 평등할 수 없는 서열의 질서가 어디든 존재하는 사회다. 대를 잇는 가난을 뛰어넘기가 어려우니 가지지 못한 자들의 설움이 클 수밖에.

페루의 정재계 유명 인사들은 백인인 끄리오인들이 대부분이고 그들은 스페인의 문명을 받아들이게 된데 대해 모두 감사한 마음이란다. 오랫동안 피지배를 받아오다 보니 독립을 이룰 때까지 300년간의 세월을 뛰어넘고 스페인들 때문에 오히려 성공할 수 있었다고 믿는 것이다. 환경의 변화로 만들어진 새로운 육종은 그 변화에 친화력을 갖듯이 페루 역시 전쟁이 가져온 혼혈 속에 적과의 동침이 가능했는지도 모르겠다.

개인 소유의 황금 박물관

아침 식사를 하고 미겔 무히까가요가 건립하여 부인이 운영하고 있는 개인 박물관을 답사했다. 미겔은 15세 때부터 유럽 여행을 하면서 무기들을 60년간 모아 왔는데 잉카 제품은 하나도 전시되어 있지 않고 그 이전 시대의 것들만 나와 있다는 것이 특징이다. 지하에는 5천 점, 1층에 6만여 점의 무기들을 전시해 놓았는데 중앙 홀에는 1차 세계대전 때 쓰였던 투구와 총들, 페루 장군 2명이 갑옷을 입고 있는 모형이 전시되어 있다. 첫 번째 방으로 들어가면 왼쪽에는 지휘봉이자 다양한 문양의 단검들이 전시되어 있고 오른쪽으로는 장총들이 수백 종이나 전시되어 있어 눈이 휘둥그레졌다.

터키산 칼집, 상아조각의 하사품인 일본 단검, 나무 문양으로 조각된 필리핀, 말레시아, 아라비아, 쟈바산 칼집, 바이킹족들이 썼다는 방패와 칼들이 방안 가득 펼쳐져 있는가 하면 기마민족의 풍습에서 온 박차(말을 재촉하는 기구라는 것을 처음 알았다)가 한쪽 벽면을 완전히 메우고 있다. 그런데 칠레의 피노체트가 썼던 총, 비운의 다이애나 비가 결혼기념일을 맞아 14개국을 방문했을 때 기증했다는 캐리비안 식 검, 엘리자베스 여왕이 대관식 때 들고 있었던 칼들은 어떻게 모을 수 있었던 것인지 재주가 비상하다는 느낌마저 든다. 미겔이란 사람은 거부였을까? 아니면 금광을 가지고 있었던 것일까? 아무튼 수많은 장총과 단검이 얼마나 많은 사람들의 목숨을 앗아갔을까를 생각하니 끔찍하기도 했다.

지하로 내려가니 체 게바라가 썼던 총과 칼, 모택동이 썼던 지휘봉, 일본 마카오시대 때 입었던 갑옷, 총을 맞았던 나스카족의 두개골과 시신이 앉아 있는 풍장 문화도 보였다. 그곳에는 잉카 이전의 중앙 안데스 문명의 유물들이 더 많았다. 남바에께 시대 때는 왕이 몸에 걸쳤던 금의 무게가 24kg이나 되어서 걸어 다니기도 힘들었을 것 같았다. 무엇보다도 페루는 예부터 발에 채이는 것이 금이었는데 금보다 더 귀한 것이 코카 잎이라고 생각했다. 코카 잎을 담던 퓨마, 콘도르, 뱀, 악어 모양을 하고 있는 금봉지는 여행을 할 때 쓰이는 운반 용구란다. 하긴 코카 잎이 고산증을 억제한다고 하여 우리도 페루를 여행하는 내내 코카 차를 마시며 다녔다.

남바에께 문명 시대 뒤에는 키오 시대였는데 그때 에메랄드, 루비, 터키석들로 만들어진 왕족 목걸이, 코걸이, 귀걸이, 신발들도 있고 황금 마스크도 보였다. 왕은 자신의 신분을 높이기 위해 위엄을 나타내려고 입이 가려진 코걸이를 하고 말을 했단다. 또 금으로 만든 긴 손톱, 금바늘, 금옷, 금쪽집게, 금혁대, 금솥 등 사소한 데까지 금을 쓴 걸 보면 금이 너무 흔해서 그 가치를 몰랐던 것 같다. 전통 옷까지 금으로 만들어 입다니 놀라웠다. 하긴 스페인의 프란시스코 피사로가 처음 페루를 정복했을 때 왕을 풀어준다면 방안 가득 금을 채워 주겠다고 약속하여 잉카인들은 8개월에 걸쳐 알마흐로를 방안 가득 쌓았다지 않던가.

아마존의 별들과 함께

근 보름간 푸에르토말도나도를 등에 업고 살았다. 그곳에 들어가면 밥을 먹을 수도 없고 모기가 살을 뜯는 데다 밤 10시가 되면 소등을 해야 한다는 사전 루머 때문에 떠날 때부터 밑반찬부터 모기약, 플래시, 라면까지 무거운 짐을 끙끙거리며 끌고 다녔다. 그렇게 오금을 못 펴게 겁을 잔뜩 짊어졌다가 마침내 당일 아침 두려움과 해방감을 내려놓고 올 것이 왔다는 생각으로 아마존강에서 작은 모터보트를 탔다.

푸에르토말도나도는 페루 남동부에 있는 마드레데디오스주의 주도인데 그들은 마드레데디오스강 상류 쪽 강을 끼고 벌목을 하거나 목탄을 만들어 팔아 생계를 유지해가면서 코카 잎을 수출해서 살고 있었다. 그곳 사람들은 무척 순박해 보였지만 헙수룩한 슬럼가에는 빛바랜 상점들이 간판을 달고 있어서 시골 같은 인상이었다. 오토바이를 개조한 이륜차들이 빈번한 것을 보니 운송

푸에르토말도나도 시

수단이 택시나 릭샤 같은 것인가 보다.

우리는 장마가 져서 붉게 흙물이 불어난 강물을 따라 2시간가량 올라갔다. 빗물이 들이치는 배 위에서 바나나를 까먹으며 지구에서 가장 아름다운 야자나무, 고무나무 등 아열대우림이 울창하게 들어서 있는 군락을 감상하며 롯지에 도착했다. 하룻밤 묵을 숙소는 빨매라는 나뭇잎의 방갈로 30여 채가 기역 자로 줄을 서 있는 곳이다. 정원에는 아열대 꽃들이 가꿔져 있고 빨강 노랑 파랑의 원색 날개를 가진 앵무새 과의 토코투칸이 돼지 멱따는 소리를 하며 잽싸게 날아와 반겼다.

리마를 떠나면서 한 시간 반 동안 비행기에서 내려다본 아마존의 밀림은 끝이 보이지 않았다. 그 밀림에서 뿜어져 나오는 공기가 지구의 1/4을 정화시켜 준다고 하는데 그 아름다운 정글 어느 한 부분에 우리가 머문 것이다. 과연 점심 메뉴는 빵 한쪽과

푸에르토말도나도의 방갈로

안남미 쌀밥, 그리고 야채 몇 쪽이 전부였다. 한국의 고추장은 언제 어디서나 구미를 더해 주는 밑반찬이다. 보름을 무겁게 끌고 다닌 라면이 제 구실을 할 때가 되었다고 독수리 팀은 모두 라면을 준비했다. 그것이 그렇게 꿀맛 같을 수가 없었다. "와! 진상이다." "와~. 부럽네." 흘끔흘끔 넘겨다보며 일행들은 소리쳤다. 언제 우리나라 라면을 그렇게 맛있게 먹어본 적이 있던가. 단숨에 뚝딱 해치우고 정글 탐험에 나섰다.

마드레데디오스강엔 식인 고기 '피라냐'가 산다고 하니 갑자기 무서워졌다. 브라질뿐 아니라 페루 전 지역을 맴돌고 있는 붉고 굵은 아마존의 물줄기는 녹색 정글 안을 뱀처럼 휘감고 있었다. 우리는 모두 장화를 갈아 신고 모깃불을 손에 든 채 강을 건너가 열대우림으로 들어섰다. 나뭇잎이 하늘을 덮은 밀림엔 카푸치노 블랑코(긴꼬리 원숭이)와 카푸치노 네그로가 사는 곳이라는 팻말이 붙어 있다. 호텔 주인은 준비해 간 바나나를 미끼로 원숭이들을 불렀다. 아니나 다를까 '우요오!' 하고 소리를 지르자 어디선가 원숭이들이 몰려들었다. 우리도 똑같이 흉내를 내면서 '우요오!' 하고 소리를 지르면서 원숭이들이 가까이 오면 바나나도 던져 주고 사진도 찍었다.

아마존의 롯지

정글 탐험 배

정글에는 독개미들이 있고 독을 가진 나무들이 많아 몸에 닿지 않도록 조심할 것을 부탁했다. 그런데 정강이까지 차는 늪지에 빠져 걷다 보니 장화 속에 들어간 흙물이 한 시간 동안 꾸루룩 꾸루룩 소리를 냈다. 우리는 양분을 찾아 걸어 다닌다는 나무, 마늘 냄새가 나는 나무, 몇 아름이나 되는 고무나무들 이야기를 들으면서 한 시간 가까이 정글 탐험을 하고 숙소로 돌아왔다. 호텔도 정글과 경계가 없어 숲 뒤쪽으로 들어가면 음습한 밀림이 끝없이 이어져 있다. 빗물과 땀으로 범벅이 된 몸을

푸에르토말도나도 가는 배에서

먼저 씻고 젖은 바지를 빨아 널었지만 준비해 간 옷이 없어 축축한 옷을 끼어 입고 저녁 식사를 했다. 통돼지 바비큐라고 해도 썩 당기지 않아 역시 또 고추장으로 야채를 비벼 먹었다. 우리는 부지런히 저녁을 먹고 강가의 원두막으로 올라가 정글 속으로 사라지는 붉은 석양을 감상했다.

정원에는 돼지 모양으로 생긴 짐승이 자유롭게 걸어 다녔다. 우리가 묵을 롯지는 뱀의 팻말이 붙은 방이다. 밤 10시가 되면 모두 불을 꺼야 한다는 이야기를 듣고 롯지로 들어가 초를 준비하고 플래시를 준비한 채 동료의 방으로 가서 다섯 명이 촛불 축제를 벌였다.

"이런 기회를 놓칠 수는 없잖아."

"물론 남미의 별을 봐야지."

중남미 여행의 진수를 맛보기 위해 게까지 달려갔으니 정글 속의 밤을 놓칠 수 없다고 모두 밖으로 나왔다. 주먹만 한 별들이

아마존의 석양

초롱초롱하다. 조심조심 원두막으로 올라간 다섯은 또다시 화음을 맞춰가며 노래를 불렀다.

"와아! 멋있다. 이 밤의 황홀함을 어떻게 견뎌!"

그러나 아무리 카메라를 들이대도 별은 렌즈에 담기지 않았다. 이순을 바라보는 여인들인데도 소녀처럼 감정을 주체하지 못했다. 이윽고 정글 안은 완전히 암흑 속에 묻혀버렸다. 모두 숙소 앞의 발코니에 서서 별을 감상했다. 멀리서 짐승 우는 소리가 들렸다. 새들이 간간이 울어대고 은하수가 머리 위에 뿌옇게 드리워져 있었다. 쏟아질 듯 알알이 박힌 대박 별들이 새록새록 가슴에 와 박혔다. 정적의 밀도가 강해질수록 다섯 여인들을 아름다운 꿈속으로 초대하는 별들의 밀어를 들었다. 우리들은 모두 별 이불을 덮고 그 밤 푸에르토말도나도의 정글을 사정없이 헤맸던 것 같다. 이튿날 토코투칸의 통명스런 울음에 겨우 잠을 깨었으니까.

페루의 고대도시 쿠스코

잉카제국의 마지막 임금이었던 아타우알파왕은 형을 죽이고 왕위를 찬탈한 뒤 까르마까에서 5만 군사와 함께 휴식을 취하고 있었다. 그때 168명을 거느린 스페인군이 침략을 해 왔던 해가 바로 1532년이었다. 스페인의 프란시스코 피사로 장군이 왕과의 접견을 요청하자 아타우알파왕은 당당히 중앙광장으로 걸어나갔다. 5만 명 병력에 전혀 미치지 못하는 168명의 군사를 보고 안도했기 때문이다. 그러나 가톨릭 신부와 수사들이 건네준 성서가 무엇인지 몰랐던 왕은 성서를 집어 던짐으로써 성경 모독죄로 감금되었다. 아타우알파왕은 저항 6일 만에 결국 쿠스코를 내주었다. 스페인군들은 그를 화형 시키려 했으나 잉카의 관습에 따라 교수형을 요구한 왕에게 세례를 받고 죽게 하였다. 때문에 잉카를 넘겨주고 태양신을 모독했으며 잉카의 자존심을 버렸다는 명목으로 아타우알파왕은 역대 왕들 중에서 가장 못난 왕으로 평가되고 있다.

페루 시민광장

쿠스코는 리마 다음가는 도시다. 3,400미터 고지에 웅덩이처럼 파인 안데스 분지에 모여 있는 붉은색의 단층 지붕들이 다닥다닥 밀집되어 있어서 화려한 건물은 보이지 않는다. 스페인의 문화 말살 정책을 대표하는 꼬리깐챠의 태양 신전은 7개의 방으로 되어 있는데 그곳이 쿠스코에서는 왕궁 다음으로 중요한 곳이다. 그 위에 스페인들이 깐또끄리스또 성당을 지었으니 아무리 지배했다 해도 이런 무식한 일이 있을까. 짓밟은 나라엔 군림만이 정당하다고 믿었던 모양이다.

지진에도 끄떡없었던 신전 건물은 잉카인들이 돌들과 돌들을 서로 낚는 기법을 사용했으므로 건재했다. 당시 신전 벽들은 모두 금으로 도배되어 있었고 여러 가지 형상물들도 금으로 만들어졌었는데 스페인 사람들이 모두 훼손해갔다고 한다. 그럼에도 끄리오인들은 그들을 고맙게 생각했다니 아이러니한 일이 아닌가.

우리는 점심 식사 후 도시 중턱에 자리 잡고 있는 요새를 보기 위해 버스로 이동을 하였다. 뭉긋한 산 능선에는 푸른 잡초와 들꽃이 아름답게 피어 있었다. 고산지대에서 도시를 바라보면 멀리서 접근해 오는 사람들도 쉽게 알 수 있어서 푸카푸카라 요새

페루 여인

는 쿠스코 통행인들을 검색하던 성스러운 계곡이었다고 한다. 그곳에서 더 높이 올라가면 탐보마차이가 있다. 365일 물이 땅에서 샘솟는데 건기나 우기의 양이 똑같아 잉카문명의 관계수로였지 않나 짐작되는 곳이다.

용천수가 아닌 땅속에서 똑같은 양의 물이 쏟아지는 첫물을 왕이 먼저 마셨다는 곳! 해발 3,400m로 오르자 갑자기 가슴이 답답해지고 호흡이 곤란해져서 나는 올라가기를 포기했다. 어둠이 밀리는 언덕에서 알파카를 데리고 다니는 페루 여인들은 털로 짠 스웨터를 땅바닥에 펼쳐 놓고 싸게 팔고 있었다. 그런 모습은 페루 관광지 어디를 가나 볼 수 있는 현상이다. 나는 수를 놓은 털목도리를 기념으로 구입했다.

우리는 저녁을 먹기 전 쿠스코 중앙 광장에 있는 콜로니아 풍의 화려한 건축물인 6개의 성당을 보았다. 그 일방통행로 광장에는 휴식을 취하러 나온 시민들이 평화롭게 앉아있었다. 저녁을 먹은 후 다음날 마추픽추를 보기 위해 산페드로역에서 열차로 우루밤바까지 이동하였다. 한 시간 가까이 달려가 도시 언덕에 서니 우루밤바는 커다란 웅덩이에 촛불을 켜놓은 듯 야경이 아름다웠다. 가로등이 뭉쳐져 있지 않고 사방연속무늬를 그리며 똑같은 크기와 간격들로 불을 밝히고 있어서 도시 전체가 등불 축제를 벌인 듯하였다.

리마에서 본 사랑의 공원

“저기 좀 보세요.”

말과 함께 맞은편 높은 석벽 위에서 사람이 바다로 뛰어내렸다. 버스 안은 갑자기 웅성거리기 시작했다. 다시 움직인 버스는 쵸리죠스에 있는 레스토랑 앞에 정거했다. 쌀롱데 후라일레라는 사람은 관광객들에게 자신의 기량을 보여주기 위해 일삼아 바다로 뛰어든다. 그는 그날도 우리들에게 까마득한 벼랑 아래로 뛰어내리는 묘기를 두 번이나 보여주고 나서 관광객들과 기념촬영을 한 뒤 사례금을 받았다. 목숨을 내건 묘기로 돈을 벌다니 왜 그걸 직업으로 삼는 것일까? 환상 속에서 우월감에 젖어 사는 것일까? 세상엔 별 취미를 가진 사람도 다 많다고 생각했다.

리마사랑 공원의 조각상

푸노로 가는 길에서

리마는 사막지대인데다 바다를 둥그렇게 끌어안고 있는 해안 도시였다. 이 도시는 바닷속의 지진대가 융기하면서 몽돌이 굳어지며 자연적으로 축대를 높이 쌓아놓은 듯 지질이 형성된 곳이다. 태평양 바다를 끼고 있는 미라플레스라는 도시공원에는 한

쌍의 연인이 입을 맞추는 동상이 보이고 사랑의 정의나 인생을 말하는 글귀들이 미로와 같은 담에 새겨져 있었다. 젊은 남녀가 죽도록 사랑했지만 나중에 오누이란 것이 밝혀지자 누이는 배를 타고 멀리멀리 떠나버렸다는 전설처럼 젊은이들이 맘껏 로맨스를 즐기라는 듯.

패러글라이딩도 그곳에서 뜬다는 공원 중앙 층계를 보니 잠자듯 2명의 아가씨들이 눈을 감고 누워 있다. 그들은 많은 사람들이 오가는 공원에서 설마 잠을 자는 것은 아니겠지만 젊음을 맘껏 발산할 수 있는 공간을 가진 페루인들이 부러웠다. 우리는 그곳에 있는 쇼핑가를 돌고 나서 로얄 카푸치노와 우스께냐 맥주를 팔고 있는 카페에 앉아 바다 경치를 한유하게 바라보았다.

바다낙하 묘기

그 부근엔 '꽃을 보아라'라는

뜻의 미라플로스 시내 중심가가 있는데 케네디 공원에선 소공연이 자주 펼쳐진단다. 버스로 이동하다 보니 황토 흙벽돌로 만들어졌다가 부서진 태양신전이 보였다. 기원전 2세기부터 기원후 6세기까지 지속되었던 왈이라는 시대의 것이라 했다.

사랑공원 카페

리마의 전체 인구는 도시 집중화 현상 때문에 확실치가 않다고 한다. 어디를 가나 인구 밀집 현상이 골칫거리다. 우리는 15만의 중국인들이 한국 교민들을 누르고 상권을 점유하고 있는 '쌋뽀로하' 거리를 지나 외국 차관을 떼어먹고 도망간 페루 대통령에 의해 중단된 교각에서 오발로라는 원형 교차로를 지나 한인 타운의 노다지 식당에서 저녁을 먹었다.

꿈의 도시 푸노

나는 아직도 페루 관광 중 푸노로 가던 길을 잊을 수 없다.

이 세상에 지상 낙원이 존재한다면 오염되지 않은 대자연을 벗 삼고 둥지를 틀 수 있는 천혜의 땅이 아닐까? 진종일 버스를 타고 가면서 나는 창밖에 비친 준엄하고 웅장한 안데스산맥을 바라보며 넋을 잃었다. 하늘이 내린 광활한 초자연의 순수한 민낯에 반해서 가도 가도 끝없는 그 길 위에 뼈가 묻혀도 좋을 것 같았다. 문명에 치인 내 정신을 세탁해 준 날이었다.

푸노로 가는 길은 황금보다도 더 귀한 일탈을 행복으로 안겼다. 그곳, 잉카제국의 유적 마추픽추를 보고 초원을 달리던 길가 토담집들은 칸막이 벽만 있었다. 사람이 살 것 같지 않는 원시 상태의 둥지다. 그 보금자리는 지붕이 없으니 움막도 아니었다. 자연과 함께 나고 죽는 생사의 굴레에서 안데스의 높은 산봉우리

푸노 가는 길

와 푸른 초원을 등기 낸 사람들이 부러웠다. 땅에서는 정직을 투자한 농사만 가능했고 원주민의 악기 샴뽀나가 삶의 터전을 빛내고 있었다.

인간의 욕망은 개인주의와 함께 물질문명을 이루면서 그 본질을 잃어간 것은 아닐까? 호주 원주민들과 함께 대 사막을 횡단한 여의사 말로 모건은 그의 책 『무탄트 메시지』에서 인간이 만든 계급사회나 사치들은 문명이 오염되면서 덧씌워진 하나의 허울이라는 것을 알려준다. 시간이 흐를수록 문화는 획일적으로 바뀌어 가고 경쟁과 탐욕과 이기가 만들어 낸 변화가 이 시대 인간의 본성과도 같이 정착하면서 인간의 본질을 잃어갔다고 본 것이다. 그날은 나도 한없이 순수해져서 자연의 일부가 되고 싶었

락치 신전

다. 잉카가 바뀔 때면 왕들이 소유했다는 '오르펫사 마을', 페루 전체의 빵을 담당하고 있는 '빵굽는 마을', 오직 기와만 굽는 '삐니빰빠 마을', 꾸이라는 동물로 전문음식을 만드는 '띠뽕 마을'을 지나면서 지난날 쌓아 왔던 형식의 틀을 벗지 못한 게 참으로 부끄러웠다.

길가에는 선인장, 들꽃이 피어 있고 언덕 아래 코카밭, 옥수수밭과 밀, 감자, 콩밭이 이어져 있다. 감자가 원산지인 그곳은 10여 종의 감자값이 모두 다르다니 맛이 궁금했다. 한 시간 반쯤 달리다가 앞이 확 트인 들판에서 동대문처럼 서 있는 '로미꼴까'라는 성벽을 둘러보았다. 츄라은이라는 사람들이 우로스 족을 땅에서 쫓아냈다는 그 성벽을 보며 패배자들이 정착한 섬 티티카카 호수를 떠올렸다. 이번엔 산사바도르라는 마을에서 락치 신전을 보았다. 빌카노바라는 강을 따라가면 정글이 나오는데 그곳 사람

카펫

들을 위해 시장을 마련했다는 곳이다. 보따리 상인들이 웅크리고 앉아 조그만 액세서리나 도자기를 팔고 있었다.

그 길을 통해 오솔길로 들어서면 몇 번의 지진에도 끄떡없었다는 락치 신전이 하늘 높이 장벽을 치고 있다. 락치 신전은 잉카 이전의 것으로 서양인을 닮아 키가 크고 얼굴이 하얀 스페인 사람을 창조신, 건국 신으로 보셨다는 곳이다. 남미 원주민들을 지배했던 정복자들을 페루인들은 전지전능하신 건국 신으로 착각했다지 않는가. 자신을 지배했던 이민족을 구원자로 생각했다는 아이러니함을 통 이해할 수 없었던 내가 더 무지한 것일까? 강자는 약자를 지배하고 약자는 강자를 통해 구원받고 싶은 심리가 인간의 본능인지 모른다. 풀숲엔 수많은 곡식 저장 창고들이 보였는데 신관이나 신녀들이 사용했다기보다는 일반 주민들이 쓰던 것처럼 보였다.

알파카

나는 장터로 나오다가 호루라기보다 조금 더 큰 오카리나를 샀다. 오카리나를 파는 여인은 마치 휘파람새처럼 하늘을 날아오를 듯한 아름다운 멜로디를 연실 불어주었다. 어느 날 나도 해맑은 새소리를 능숙하게 들려줄 날을 꿈꾸며 모든 새들은 페루에 와서 죽었다는 책 제목처럼 내 영혼도 그렇게 푸노에 묻고 싶었다. 나라야 기차역으로 가는 길목에서 온도가 50도라는 유황온천에 발을 담그고 잠시 휴식을 취했다. 환태평양 지진대에 있어서 지표안에 마그마 활동이 활발하다는 온천에 앉으니 감각이 둔한 나도 공기가 달고 맛있다는 생각이었다.

그곳에서 대략 한 시간 가까이 가면 나라야 기착역이 나온다. 장천역이 생기면서 지상에서 가장 높았던 열차 역이 2번째로 밀려난 곳인데 해발 사천 미터가 넘는 곳이었다. 잠시 표지판 앞에서 기념촬영을 하고 다시 또 평원을 달렸다. 진종일 버스를 탔건만 전혀 지루하지가 않았다. "들소들이 뛰고 노루 사슴 노는 곳에 나의 집 지어주~"라는 노래가 바로 이곳을 연상케 했다.

페루의 고산 평원지역은 팜파스 지대로 해발 육천 킬로미터가 넘는다. 오천 미터가 안되는 곳에서부터 만년설이 형성되고 있지만 아열대 지방임에도 이곳은 더 낮은 데서부터 만년설이 쌓인다. 그 능선 아래 양털을 깔아 놓은 듯 들풀이 자라고 간간히 수줍은 소녀가 알파카를 몰고 가는 모습 또한 목가적이다. 그 길을 달리다 보면 백여 마리나 떼를 지어 노는 알파카도 보인다. 만년설이 이어진 봉우리 아래로 광활한 초원을 끼고 먹이를 찾는 동물들이 군단을 이룬 채 평화롭게 움직이고 있다.

나는 가끔 인간의 사악함은 눈으로부터 일어난다고 생각한다. 아침 신문을 펼치면 살벌하고 악랄한 사건들이 날마다 불안을 조성하고 있다. 기계처럼 살아가는 현대인이 인간애를 잃어가기 때문이리라. 페루의 초자연은 순수 외에 더 말할 게 없었다. 사라져가는 노을까지도 신비스러웠다. 그래서 가진 것 없이도 행복할 수 있었던 시간들이 아직도 내 가슴에 보석처럼 박혀 있다.

마추픽추의 태양신을 묶어두었던 돌

안데스산맥을 가로지르는 해발 2,280m 위에 아무도 모르게 세워졌던 공중도시 마추픽추!

그곳엔 하늘을 찌를 듯한 절벽을 이룬 바위산들이 사방으로 둘려져 있고 그 상상봉에는 찬란한 문화를 쌓아올렸던 잉카인들의 유적지가 놀랍도록 위대하게 세워져 있다. 미국의 '하이람 빙엄' 교수는 1911년 페루의 우루밤바 강을 따라갔다가 '저 하늘 위에 사람이 살던 집이 있다'는 원주민의 이야기를 듣고 호기심이 발동하여 까마득히 올려다 보이는 400m 벼랑을 땀을 뻘뻘 흘리며 네발로 기어올랐다. 과연 그곳에는 예상치 못했던 철옹성 같은 성채가 헝클어진 수림 속에 묻혀 있었다. 하이람 빙엄은 그 신기한 건축물들을 발견하자마자 곧 사진에 담았는데 그것이 잉카의 유적이라고는 꿈에도 생각지를 못했단다.

우리가 그 공중도시를 보기 위해 산 입구에서 지그재그로 얽힌

도로를 따라 버스로 올라간 시간은 3~40분이나 소요되는 거리였다. 그중 마추픽추를 둘러싸고 있는 맞은편의 웅장하고 우람한 바위산들은 예사롭게 비쳐지지가 않았다. 병풍을 둘러친 겹겹의 산봉우리들이 한쪽 하늘을 완전히 가린 채 누구도 따라 올 자가 없다는 듯 위용을 부리고 있었다. 그것은 요술나라에서나 볼 수 있는 희귀 묘묘한 거대한 산들이었다. 절벽 아래로 흐르는 우루밤바 강은 실낱처럼 가늘게 보이니 산봉우리가 얼마큼 높은가를 짐작할 수 있다. 하늘이 무섭지 않다는 듯 꼿꼿이 머리를 치켜들고 있는 호랑이와 같달까? 그 위엄에 절로 감탄사가 터져 나온다. 드디어 산 정상에 올라보니 보물을 삼추어 두었던 듯 잉카의 축조물들이 놀랍게도 의연하게 펼쳐져 있었다. 사진에서 보아왔던 신비함이 고스란히 모습을 드러낸다. 그곳의 해맑은 날씨는 무엇보다도 값진 선물을 우리들에게 안긴 셈이었다.

우루밤바강

페루는 우기 철인데다 아열대성 기후여서 삽시간에 벼락같은

신녀들이 살던 집

비를 뿌리고 지나가는 스콜 현상이 잦다. 그러니 구름이 끼고 안개가 끼었더라면 제 아무리 날고뛰는 사람이라 할지라도 마추픽추를 제대로 감상하기는 어려웠을 것이다. 마추픽추는 그렇게 지구 반대편에서 멀고 먼 길을 떠나온 유랑자들에게 신비로운 모습을 아낌없이 보여주었다. 그 당시 잉카인들은 태양신을 위해 수많은 처녀를 제물로 바쳤다고 한다. 그 것은 죽은 사람의 두개골 대부분이 여인들의 것임이 발견되었기 때문인데 출입구 하나로 사람들이 드나들 수 있게 만들었던 인티푸쿠 태양문은 완전한 요새 구실을 하게 했다는 것도 알 수 있었다.

잉카인들은 돌을 다루던 기술이 무척 뛰어났다. 마치 페퍼로 문지른 듯 맨질맨질한 표면이 타일을 붙인 듯하다. 하나의 크기가 10톤에서 15톤 정도나 된다니 건축공법이 남다르지 않고는 어떻게 그 큰 돌을 빈틈없이 꿰어 맞출 수 있었으랴. 그들은 돌의 결을 잘 알고 있었다. 그래서 결을 따라 홈을 판 뒤 그곳에 나무를 깎아 집어넣고 물을 잔뜩 불려 커진 구멍을 똑같은 방법으로 반복해 돌을 조각냈다고 한다. 더군다나 돌과 돌끼리 내부에 홈을 파서 실로 꼬맨 듯 꿰어 맞추었으므로 3번이나 지진이 일어났음에도 마추픽추는 끄떡없었다는 것이다.

마추픽추 전경

이집트인들이 돌을 망치로 두들겼다면 잉카인들은 기계로 깎은 것이나 다름없었다. 얼마나 정교한지 5km나 되는 그곳에 5m 이상의 석벽들로 둘려진 신전과 곡식 창고 왕궁, 신녀들이 살던 집들이 벽돌 쌓듯 늘어서 있었는데 그것이 자못 의심스러웠다. 잉카인들은 어디서 어떻게 그 큰 돌들을 공중까지 구하여 날라 왔는지, 500년 전 그토록 심혈을 기울여 지었던 성채를 버리고 왜 하루아침에 사라져버렸는지 아리송하기만 했다.

무엇보다도 놀라운 것은 태양신을 묶어둘 수 있었던 돌을 광장 한복판에 고스란히 남겨두었다는 것이다. 잉카인들은 세상에서 가장 성스럽고 가장 깨끗하며 가장 신성한 태양을 맞기 위해 하늘과 가장 가까운 거리를 찾아간 것은 아니었을까? 그들도 먹고살기 위해 농사를 짓던 밭을 아슬아슬한 절벽에 계단처럼 쌓았는데 옥수수, 감자 농사를 짓다보니 어느 때 씨를 뿌려야 하는지 어느

마추픽추 전경에서 저자

때 추수를 거둬들여야 하는지 알 수 없었나 보다. 그러므로 태양의 운기로 모든 걸 이루어 내려 했던 심정을 그 돌에 의지했다는 것을 이해할 듯했다. 그래서 태양신을 묶어 두면 만사가 다 해결될 것이라고 믿고 코끼리 덩치만 한 돌 모서리를 4각으로 깎은 아래 돌 모서리 그림자가 남북으로 일직선상이 되면 신녀를 바치며 태양신께 제사를 지냈으리라. 얼마나 과학적인 두뇌를 가졌던가. 그 돌에 손을 갖다 대면 기가 느껴진다고 하여 우리는 모두 돌 가까이에 손바닥을 들이댔었다.

고대 잉카인들이 믿었던 신은 하늘의 콘도르, 땅의 퓨마, 지하의 뱀과 같은 신들이었다. 그러나 태양은 생존과 직결된 농사를 주관했던 신으로 숭배의 대상이 되지 않을 수 없었다. 이집트인들이 믿었던 태양신, 멕시코의 테오티와칸인들이 믿었던 태양신,

마추픽추에서

그리고 잉카인들이 믿었던 태양신들은 모두 인간이 살아갈 수 있는 가장 원초적인 힘을 그곳에서 얻을 수밖에 없다고 생각했던 때문이리라. 그러므로 암흑에 가렸던 문명의 발상지에서 인간이 가장 위대하게 느꼈던 그 태양의 위력을 잉카에서도 발견하게 되는 것은 어쩌면 자연적인 현상이 아닐까.

13세기 초에 건설되어 16세기 중반까지 이어갔던 잉카의 유적지! 스페인의 정복 아래 통치되면서 많은 문화재가 파손되었음에도 잉카 제국의 옛 모습 그대로를 보전할 수 있었다는 것은 상상을 초월할 일이다. 그럼에도 왕이 물을 받아 목욕을 하였던 관개시설, 곡식을 저장했던 창고, 그 물을 계층별로 받아쓸 수 있도록 돌 밑으로 수로를 설치해 두었던 방법을 확인하면서 우리는 그저 입을 벌릴 수밖에 없었다. 그들은 해야 할 3가지와 해서는 안 될

태양신을 묶은 돌

3가지를 제국의 통치 모토로 삼았다고 한다. 일해라, 공부해라, 사랑해라, 도둑질하지 말라, 거짓말하지 말라, 게으르지 말라.

마추픽추는 산 밑에서 보면 요새가 전혀 보이지 않는다. 그곳에 신전이 지어졌을 것이라고는 생각지 못할 만큼 2,280m 까마득한 상공에 존재하는 성채라 잃어버린 공중 도시라고 현대인들은 말한다. 그 은근한 곳에 신을 모셔두고 태양신을 독점하려 했던 잉카인들의 고뇌를 역력히 지켜보던 나도 그날의 눈부신 태양에 감사드렸다. 지구 반대편까지 찾아가 잉카를 보게 해 준 그 위력 역시 태양의 힘이 아니었다면 어렵지 않은가. 그래서 우주의 힘은 인간이 능가할 수 없는 대단한 것임을 고대인들뿐 아니라 현대에 와서도 함께 느끼게 되는 것이다.

바예스타 섬의 물개들

새벽 4시 30분 기상을 알리는 모닝콜이 울렸다. 지난밤엔 리마에서 파라카스로 이동하여 바닷가 근처 호텔에서 묵었다. 바예스타 섬의 물개를 보기 위해서였다. 페루에는 갈라파고스라고 불리는 해양 동물 천국이 있다는데 우리는 바예스타 그 섬으로 가려고 수산 시장을 지나니 벌써 새벽 배를 타고 조업을 하려는 사람들이 붐빈다. 여명을 뚫는 아침 보트를 타고 섬을 향해 떠나는데 멀리 어부와 해적들이 자신의 구역을 표시하기 위해 그려 놓은 그림이 언덕 위에 비쳐졌다. 칸델라(촛대) 그림이다. 이 그림을 언제 누가 그렸는지 밝혀지지는 않았지만 고대 문명인들이 그렸다는 설도 있고 선원들이 배들의 진입을 원활하게 하려고 그렸다는 설도 있다. 좌우의 지름이 60~80m인 남북 선을 따라가다 보면 나스카 라인을 만난다고 한다. 지표면 색깔과 음영의 차이를 나타낸 그 그림은 배를 타는 선장들에겐 항해를 위한 길

바예스타섬

바예스타섬의 물개

안내 표시처럼 보인다.

멀리서 보이던 섬에 가깝게 접근하자 우리들을 가장 먼저 환영하는 무리들을 보았다. 수많은 새들의 군락지였다. 괭이갈매기, 빨간머리독수리, 펭귄, 바다제비, 가마우지들이 저마다 놀란 듯 이방인을 반긴다. "끼룩끼룩" "까욱" 모든 새들은 페루에 와서 죽는다는 소설 제목이 순간 떠올랐다. 그도 이 섬을 보고 글을 썼을까? 이곳에 훔볼트펭귄도 산다는데 잘 찾기 힘들었다. 해식 동굴 위에는 새들이 빽빽하고 바위 밑 동굴에는 100여 마리의 물개들이 아침 산책을 나와 있다. 가이드가 물개들을 향해 "워어!" 하고 소리를 지르자 그들은 대답하듯 합창을 했다. "워엉 워엉!" 하는 소리가 꼭 군사 훈련을 받는 소리 같다. 물개는 일부다처제로 한 마리의 수컷에 50마리의 암

컷이 딸려 있다고 한다.

고개를 반짝 들고 목이 퉁퉁 부은 채 앉아 있는 수놈은 바위 위에 혼자 떨어져 있다. 저보다 힘이 강한 놈에게 영토를 빼앗기고 상처를 입은 채 죽을 날만 기다리고 있는 처량한 신세이다. 동물 세계에서의 위계질서란 생존과 맞먹는 일이다. 더러는 물속에서 헤엄을 치는 새끼들도 보인다. 우리들은 "어머나" "와아!" 신기한 듯 외마디 소리를 지르며 기염을 토해냈지만 한 시간 가까이 바예스타 섬의 새들 그리고 물개들과 함께한 시간은 붉은 태양빛을 받고 떠오르는 희망의 속삭임과도 같이 유쾌했었다.

티티카카 호수를 찾아서

티티카카 호수는 해발 3,800미터로 세계에서 가장 높은 위치에 있다. 페루와 볼리비아 국경에 맞닿아 있는데 아무리 보아도 수평선이 보이지 않아 호수가 아니라 확 트인 바다 같이 보인다. 아침부터 선착장에는 많은 관광객을 태울 배들이 대기하고 있었다. 우리가 탄 배는 우로스 섬으로 가는 쾌속정이었다. 저녁에 가이드가 준비한 생필품을 싣고 떠나는 마음은 뿌듯했다. 비록 잘 알지는 못하지만 가이드에 의해 한 사람당 몇 불씩 기부하여 그곳 사람들에게 줄 선물을 준비하고 떠나게 되었으니 마음이 가벼웠다. 양쪽으로 토토라라는 갈대가 줄을 지어 있는 가운데로 배가 지나가자 곧 뻥 뚫린 호수가 펼쳐졌다.

40분 가까이 물살을 가르면서 닿은 곳이 갈대로 만든 희한한 배가 정박해 있는 섬이다. 우리를 반기기 위해 우로스 섬 안의

티티카카호

갈대로 만든 배

뚜삐리 섬 사람들은 마중을 나와 있다가 가이드를 보자 반갑게 손을 흔들면서 환영해 주었다. 그들은 원래 우로스 섬 주변에 살던 원주민이었으나 외부 세력의 침입으로 도망을 하여 그곳에 정착하게 되었단다. 갈대 우듬지로 엮어 만든 작은 터 위에 갈대 초막을 짓고 살고 있는데 그들의 의상은 모두 빨강, 노랑, 초록 원색이어서 특이했다. 머리는 땋거나 모자를 쓰고서 일렬횡대로 늘어서서 우리들에게 환영의 노래를 불러주었다.

「산토끼」「곰세마리」 같은 동요 곡을 가이드가 자주 찾아가게 되면서 가르쳐 주었다고 한다. 발음은 정확하지 않지만 그 먼 곳에 와서 우리나라 동요 곡을 들으니 가슴이 뭉클하였다. 답례로 생필품을 전달하자 그들은 마치 부자가 된 듯 흐뭇한 미소를 띠었다. 주민들이 살아가는 모습을 보니 가이드의 배려가 새삼 고맙게 느껴졌다. 남을 위해 봉사한다는 기분은 부피나 질에 있는 것이 아니다. 마음 씀씀이 하나가 더 중요하다는 생각이다.

그들은 그곳의 강물로 밥을 짓고 고기를 잡아먹고 배설도 그곳에 한다고 했다. 어쩌다 대대로 낙엽처럼 살아온 그들이 언제쯤 호수를 벗어나 살 수 있을까? 섬 안쪽으로도 170여 가구가 관광객을 상대로 도산품을 팔아 수익금을 나누며 산다는데 학교가 있다고 하여 우리는 배를 타고 우따마 섬을 찾아갔었다. 대여섯 살 되는 아이들이 낯선 우리를 보고도 힘차게 달려와 포옹을 하며 반겼다. 학교라야 안방 크기만 한데 열댓 명 되는 아이들이 한 교실에서 복작대고 있었다. 그들은 배움의 기회나 문명의 혜택 없는 무명 지대에서 살고 있는데 주민증이 없어서 호수를 떠나서

학교게시판

는 살 수가 없다고 한다. 지구별에서 떨어져 나온 신세의 그들 최대의 꿈은 TV를 갖는 것이라고 한다. 움막 안을 들여다보니 갓난아기가 새근새근 잠들어 있었다.

나는 그들에게 조금이라도 도움이 될까 싶어서 조그만 양념 토기를 구입했다. 사람은 저마다 환경의 지배를 받고 살지만 그곳에서 살아가는 사람들이야말로 섬을 벗어나야 문화생활을 접해볼 수 있을 텐데 감옥과 같은 곳에 갇혀 붙박이로 살아가야 한다면 희망이 없지 않은가. 악의라고는 전혀 보이지 않는 순수한 얼굴과 눈빛을 두고 작별 인사를 하려니 떠나오면서도 마음이 짠했다.

티티카카호수의 여인들

사막에 그린 나스카 라인

전복죽을 아침으로 먹고 나스카 라인을 보기 위해 광활한 사막지대로 향했다. 나스카 라인은 7대 불가사의 중의 하나라고 말한다. 리마의 동남쪽 나스카 강 유역의 키와치 유적이 그 중심인데 모래사막에 그린 그림을 누가 왜 무엇 때문에 그렸는지 전혀 알 수가 없다고 한다. 개중에는 외계인이 그렸다는 설도 있고 천체를 관측한 것을 지상으로 옮겨왔다는 설도 있다. 미국의 고고학자가 1939년에 발견했던 나스카 라인을 독일의 마리아 라이헤 여사가 한평생 연구하였다는데 리마에서 버스를 타고 6시간 반쯤 가면 만나게 된다.

세계적으로 유명한 사막은 페루와 칠레 사이에 있는 아타카마 사막, 미국에 있는 모하비 사막, 아프리카에 있는 나미브 사막이다. 사막은 주로 풍화작용이 심해서 암석이 깎여 나온 모래가 바닥에 깔리게 되는데 평소 내가 상상하고 있는 사막은 고운 모래만이 끝없이 펼쳐진 비단 같은 땅이었다. 우리가 지나치는 길가의 사막은 육지와 다르지 않았고 석회로 이루어진 바위산들도 보였다. 사막의 초입에 들어선 건물은 페루 닭의 65%를 출하하는 일본 사람이 운영하는 양계장이라고 한다. 쓸모없는 사막 같아 보여도 모두 주인이 있다나?

나스카 라인

나스카로 가는 길은 모래산, 자갈땅, 바위산들로 덮여 있었다. 우리는 사람 얼굴 모양의 바위 '까르데 잉카'를 바라보며 노상 방뇨를 하고 다시 바나나 잎으로 지은 지붕 없는 벽들을 차창으로 내다보았다. 집들은 단순히 잠만 자는 곳이라니 은하수 이불을 덮고 잘 수 있는 헛간이었다. 페루를 여행하다 보면 간간히 길가에 강아지 집 같은 것이 보인다. 그 안에는 십자가가 세워져 있는데 그것은 '우루나'라고 하여 사고로 죽은 영혼을 추모하기 위해 세워진 집이었다.

립스틱의 원료가 되는 쏘지니아라는 벌레는 잎이 넓은 선인장에 기생하는데 그것을 수출하기 위해 사막에다 선인장을 재배하는 농가도 많았다. 목화를 많이 재배했던 나스카에서는 기원 2세기부터 8세기까지 손으로 짠 직물이 유명하게 되었고 다채로운 그림을 그려 넣은 채문토기도 발달하게 된다.

얼마 후 우리는 드디어 나스카 라인이 시작된다는 팔파라는 평

까니떼라 마을의 노을

원지대를 지났다. 그곳에서도 나스카 라인을 18개나 볼 수 있다고 한다. 지정된 장소에 도착하여 4명씩 경비행기를 타고서 하늘을 날았다. 나스카 라인이 그려진 지도를 보면 거대한 직선의 새와 원숭이, 다양한 동물들, 삼각형, 사다리꼴 모양의 그림들을 볼 수 있다. 광활한 모래섬에 깊게 패인 선들은 1500년 전 나스카인들이 그린 것이라는데 오랜 세월 모래바람 속에 묻혀버릴 수도 있는데 어떻게 그 그림이 남아있는지. 그것도 비행기에다 막대를 끼우고 그렸다면 모를까 수백 미터 또는 수천 미터나 되는 광대한 그림을 어떻게 그렸는지 이해할 수가 없다. 조종사는 46분간이나 운행하며 그림 하나하나를 알아볼 수 있도록 양 방향으로 두 번씩 돌아주어 쉽게 눈으로 확인을 할 수 있었다.

인간의 힘은 어찌 보면 초능력적이다. 그 큰 그림을 마치 자로 잰 듯 정교하게 그려 놓았으니, 나스카 라인은 천체의 여러 별자리를 상징한다고 하는데 주기적으로 발생하는 농사 시기와 자연 정보를 탐색하기 위해 영감이 필요했던 것은 아니었을까? 약 6세기부터 그려진 선의 정체라니 아리송하기만 했다.

돌아오는 길에는 까니떼라는 마을을 지나며 노을이 지는 모습을 보았다. 빗방울이 떨어지지도 않았는데 사막에 떠 있는 무지개는 또 무슨 힘에 의해 생기는 것인지 감탄스러웠다. 내 상상 속에 꿈꾸던 사막에 대한 환상은 빗나갔지만 나는 푸노에서 본 광활한 대지의 평원과 아타카마의 척박한 사막이 보여준 변화무쌍한 자연에 압도되어 닷새 동안 페루의 매력에 푹 빠질 수 있었다. 세상은 우리가 알지 못할 미지의 세계로 덮여 있다. 나는 그에 대한 유혹을 떨치지 못하고 늘 길을 떠나곤 하지만 믿기지 않는 사실들을 확인하며 얼마나 많은 경이로움을 느끼고 상상에 빠지는지! 역마의 신이 부르는 소리에 꼬여 21일 동안 지속되었던 중남미 행적에 드디어 종지부를 찍고 지구 반대편 사람들의 삶을 볼 수 있게 해 준 신께 진심으로 감사드렸다.

살아있다는 것은 참으로 고미운 일이나. 보고 듣고 느낄 수 있는 육신의 감각도 내 발로 도움 없이 걸을 수 있다는 것도 기적이라고 했던가? 나는 이 모든 것을 갖추고 자유로운 여행을 할 수 있었으니 얼마나 행복한 사람인가. 먼저 남편과 세 딸들에게 감사한 마음이었다.

1990. 5. 서유럽(영국, 프랑스, 스위스, 이탈리아) -초등친구 부부동반
1999. 11. 호주(7박 8일)- 호주문인회 초청
2000. 7. 북경(3박 4일)-여고동창
2001. 1. 필리핀(3박 4일) -여고동창
2002. 7. 미국 16일(동부, 서부)-남편 퇴임 기념
2003. 6. 장가계, 원가계 -부부동반
7. 심양, 단동(3박 4일)-춘천문협
2004. 4. 이집트. 터키. 그리스 (11박 12일)-예지회
6. 캐나다(8박 9일) - 초설회
8. 북해도(3박 4일) -부부동반
2006. 2. 인도, 네팔 (10박 11일)- 예지회
8. 백두산(3박 4일) -강원문협
10. 중국 (환인, 심양)-춘천문화원
2007. 3. 중남미(멕시코,쿠바,아르헨티나,브리질,칠레,페루) (20박 21일)- 예지회
9. 중국 환인(3박 4일 -문화원 유인석 선생 답사)
10. 중국 (계림, 장가계, 서안) 강원문인 부부동반
2008. 4. 중국 곤명-대리-여강(6일간) 강수회
2009. 2. 베트남 캄보디아 (6일간) 초등친구
7. 중국 심양, 천산(5박6일)-료동문학 교류
8. 동유럽(9박 10일)-(체코,오스트리아,항가리,부다페스트,슬로베니아)-문화원
2010. 5. 북유럽(11박 12일)-덴마크, 러시아, 발틱, 핀란드, 스웨덴, 노르웨이-발칸팀
2011. 5. 스페인, 포루투칼 (9박 11일)초설회 부부동반
1. 터키 (7박 8일)엄마와 4자매

2012. 6. 중국 제남(5박 6일)강원수필

2013. 1. 치앙마이(5박 6일) 엄마와 세자매

6. 발칸9개국 (11박 12일)-슬로베니아, 크로아티아, 보스니아 헤르체고비나, 세르비아, 몬테네그로, 알바니아, 마케도니아, 불가리아, 루마니아-발칸팀

2014. 6. 실크로드 (10박 11일) 서안->천수->난주->돈황->트루판->우루무치-예지회

2015. 10. 황룡 -> 구채구-> 낙산대불 ->아미산(4박 6일)-3인 부부동반

2016. 10. 신빈->백두산->고구려유적->방취구->노학당-(4박 5일)-문화원

2017. 3. 제주(2박 3일)-엄마와 4자매

6. 제주(2박 3일)-수필문학

5. 오사카, 나라(3박 4일) 여고동창

2018. 2. 베트남 다낭 여행 (3박 5일) 예지회

3. 코타키나발루(3박 5일) 초등친구

4. 오끼나와 (4일) 초설회

6. 스코트랜드, 아일랜드(9박 10일) -세 자매

10. 미얀마 여행 (3박 4일) 여고 동창

2019. 6. 코카서스 3국(아제르바이잔, 조지아, 아르메니아)(17박 18일)-발칸팀

낯선 날들의 유혹

박종숙 기행수필집

2022년 12월 25일 초판 인쇄
2022년 12월 30일 초판 발행

지은이 / 박종숙

발행인 / 강병욱
발행처 / 도서출판 교음사
편집 / 수필문학사

03147 서울 종로구 삼일대로 457 수운회관 1308호
Tel (02) 737-7081, 739-7879(Fax)
e-mail / gyoeum@daum.net

등록 / 제2007-000052호

* 잘못된 책은 바꾸어 드립니다. 값 15,000 원

ISBN 978-89-7814-884-9 03810